WORD FOR WORD
FUN FINDS!

WORD FOR WORD
FUN FINDS!

WORD SEARCH PUZZLES FOR KIDS AGES 6-8

ROCKRIDGE PRESS

For general information on our other products and services or to obtain technical support, please contact our Customer Care Department within the United States at (866) 744-2665, or outside the United States at (510) 253-0500.

Rockridge Press publishes its books in a variety of electronic and print formats. Some content that appears in print may not be available in electronic books, and vice versa.

Cover and interior Illustrations by Wolfe Hanson

Written and designed by Creative Giant Inc., Nate Thomas, Mike Thomas, Chris Dickey, and Dan Hosek
Editor: Lia Brown

ISBN: Print 978-1-64152-583-1

JUPITER

TIGER

INTRODUCTION

In today's technology-obsessed society, it's become rare to see someone without a smartphone in hand. Games and classic activities such as word search puzzles offer a refreshing way to both unplug and improve brain function through building vocabulary, spelling, and word and pattern recognition.

With this in mind, the purpose of **Word for Word: Fun Finds!** is to create a fun and engaging way to encourage early childhood learning away from the screen. Completing puzzles builds a child's confidence and this book helps reinforce their learning with a gradual increase in difficulty, which increases the reward. Positive language and messages about everything from making new friends, how to handle bullying, to reasons to be proud of yourself, have been woven throughout this book with an eye to the very issues children ages 6-8 face on a daily basis.

As your child makes their way through the puzzle, opportunities arise to both assist and join in on the fun. Each page contains about 10-12 words to find, with the correct answers running forward, vertical, diagonal, and, as the puzzles get harder later in the book, backwards. Themes are fun and meaningful, with the idea of adding value into both your child's and your life.

Happy searching!

INSTRUCTIONS

Search each puzzle for the list of words or clues we provide. You only need to find the words that are CAPITALIZED in the word list. Words can appear forward, vertical, and diagonal directions to start. As you go through the book the puzzles get harder, and larger, and words will be backwards, and in all directions.

Some puzzles may be trickier than others—try using a pencil with an eraser instead of a pen!

Check out the sample puzzle below, and HAVE FUN!

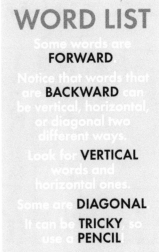

WORD LIST

Some words are **FORWARD**.

Notice that words that are **BACKWARD** can be vertical, horizontal, or diagonal two different ways.

Look for **VERTICAL** words and horizontal ones.

Some are **DIAGONAL**

It can be **TRICKY**, so use a **PENCIL**

TIP!

When making your way through these puzzles, some topics might appeal to you more than others. Instead of skipping, try sharing with a friend or parent to see if they would like to join in on the fun!

HAPPY BIRTHDAY!

BIRTHDAY PARTIES ARE OPPORTUNITIES TO BE WITH FRIENDS AND EAT LOTS OF CAKE!
FIND THE DIFFERENT THINGS THAT MAKE A BIRTHDAY FUN!

WORD LIST

FAMILY
SURPRISE
MUSIC
GAMES
BALLOONS

SINGING
CAKE
CANDLES
ICE CREAM
PRESENTS

S S I N G I N G G B
U M L S I C U M A A
R I U C C A M U M L
P R E S E N T S E L
R A G M C D R I S O
I W A U R L C C I O
S E M S E E E A X N
C A K I A S K B K S
H J F A M I L Y V E
R U S U R P R I S E

ANSWERS ON PAGE 98

FILLING YOUR BACKPACK!

THE FIRST DAY OF SCHOOL IS ALWAYS **EXCITING**, BUT MAKE SURE YOU HAVE YOUR MATERIALS!

FIND THE 10 DIFFERENT SCHOOL MATERIALS YOU MIGHT BRING TO CLASS.

WORD LIST

BACKPACK	PENS
PENCIL	GLUE
CRAYONS	ERASER
NOTEBOOK	FOLDER
RULER	LUNCH

```
H N S F O L D E R L L
B N G N O T E B C H
T A O L U N C H R E
S J C T U Q V H A R
A C H K E E U Z Y A
R R D Y P B X A O S
U A M V E A O W N E
L Y L C N R C O S R
E N G X S Y B K K J
R M P E N C I L Y E
```

ANSWERS ON PAGE 98

9

BEING YOURSELF!

SOMETIMES IT MIGHT SEEM LIKE A GOOD IDEA TO CHANGE YOURSELF TO FIT IN. HERE ARE SOME REASONS WHY BEING YOURSELF IS A GOOD IDEA!

WORD LIST

Your **FRIENDS** like you for who you are.
You are **UNIQUE**.
And **SPECIAL** in your own way.
Being **DIFFERENT** isn't a bad thing.
Trying to fit in can cause **STRESS**.
Being you makes you **STRONG**.
ACCEPT yourself and you accept others too.
You have your own **TALENTS**.
You can have your own **LIKES** and dislikes.
The best person you can be, is **YOU**.

```
A U F R I E N D S Y
C Y N M Y O G I J O
C Y L I B A S F A S
E F O I Q A T F C P
S R R N K U R E C E
T E M H B E E R E C
R I S P Y C S E P I
O N H A A O S N T A
N D L I K E U T M L
G S G T A L E N T S
```

ANSWERS ON PAGE 98

SAVING THE DAY!

WHEN VILLAINS NEED STOPPING, CALL THE **HEROES**!

FIND THE **10 DIFFERENT SUPERHEROES** IN THE PUZZLE BELOW TO STOP THE BAD GUYS!

WORD LIST

IRON MAN	SHAZAM
AQUAMAN	black PANTHER
captain MARVEL	BATGIRL
SUPERGIRL	SHE-HULK
THOR	CYBORG

```
L A B A T G C S C B
M S Q I S I T H Y A
A I U U R R H A B T
R R F P A O O Z O G
V O V A E M N A R I
E N W N S R A M G R
L M Q T Z A G N A L
M A F H V H O I R N
T S H E H U L K R D
S H A R S T H O R L
```

MY TEACHER IS...

TEACHERS LOVE HELPING KIDS LEARN AND GROW.
WHAT ABOUT YOUR TEACHER MAKES THEM GREAT? MY TEACHER IS...

WORD LIST

KIND	RELIABLE
PATIENT	CREATIVE
SMART	CALM
FUNNY	GENTLE
GENEROUS	NEAT

```
C P A T I E N T D L
D A X O G E N T L E
R J L S E F E E I C
E F U N N Y A L Z R
L C C R E A T I V E
I N K T R A I B L L
A E I U O C A L M I
B A N X U P U E U A
L M D F S M A R T C
E C Z S M A R D U J
```

FIFTH EDITION

MATH

TRA LA LA!

WORD LIST

WEDGIE power

GEORGE

mr. KRUPP

turbo TOILET 2000

professor POOPY pants

PRANKS

SNAP your fingers

HAROLD

stronger than BOXER shorts

HYPNO ring

```
W  E  D  G  E  Z  C  T  R  S
G  E  P  G  E  O  R  G  E  N
E  H  D  O  O  Y  N  H  L  A
O  A  K  G  O  S  N  A  P  H
T  R  S  G  I  P  O  O  P  Y
G  O  B  O  X  E  R  Q  A  P
S  L  I  P  R  A  N  K  S  N
N  D  H  L  K  R  U  P  P  O
H  B  O  X  E  B  Q  B  G  X
H  Y  P  N  S  T  N  F  F  X
```

NUMBER CRUNCHING!

NUMBERS CAN BE SHOWN IN DIFFERENT WAYS. CAN YOU FIND THE NUMBERS HERE, SPELLED OUT? (FOR EXAMPLE, 1 = ONE)

WORD LIST

8	30
20	12
6	9
19	7
3	2

```
X P T W E N T Y U E
B S W H J Q N W I I
C E I E R X I R E G
N V D I T E N T W A
I E Q G H C E H V N
N N V H I G T S I X
E N I T R T E E Y S
O C V N T W E L V E
U X R O Y O N R U V
W Z D X P F A A Y E
```

ANSWERS ON PAGE 99

ICE CREAM!

ICE CREAM CAN BE A GREAT SUMMERTIME TREAT.
SEE IF YOU CAN FIND ALL OF THESE FANTASTIC FLAVORS!

WORD LIST

VANILLA   butter PECAN

MINT chip   CHERRY

CHOCOLATE   COFFEE

COOKIE dough   MANGO

BANANA   CARAMEL

CORN Wait, what?

```
U C B A N A N A M A
K H H P E C A N I H
C E C O F F E E N G
C A R O C X V M T D
V H R C O O K I E C
M A E A M K L N H O
A J N R M I I A P R
N A U I R E N S T N
G C O R L Y L V W E
O N K V A N I L L A
```

ADULTS WHO HELP

SOMETIMES YOU MIGHT NEED TO ASK AN ADULT TO HELP YOU WITH SOMETHING. WHO CAN YOU ASK FOR HELP?

WORD LIST

PARENTS	DOCTOR
TEACHER	GUIDANCE
FIRE fighter	GRAND parent
POLICE	older
COACH	BROTHER or SISTER

```
F  B  M  N  S  I  S  T  G  L
Y  M  R  P  A  R  E  N  T  S
C  B  G  O  C  O  D  J  G  P
O  R  U  L  T  W  O  S  U  G
A  O  I  I  E  H  C  I  I  R
C  T  D  C  A  T  T  S  D  A
H  H  A  E  C  E  O  T  A  N
P  E  N  D  H  O  R  E  N  D
G  R  A  N  E  B  A  R  C  X
I  X  F  I  R  E  U  C  E  L
```

ANSWERS ON PAGE 100

SLEEPOVER

STAYING OVER A FRIEND'S HOUSE CAN BE A LOT OF FUN, BUT MAKE SURE YOU BRING EVERYTHING YOU NEED!

FIND THESE WORDS SO YOU CAN PLAN FOR YOUR NEXT SLEEPOVER!

WORD LIST

sleeping BAG	fun IDEAS
PILLOW	SNACKS
tooth BRUSH	CARDS
CLOTHES	PAJAMAS
BOARD	good STORIES

```
C A R D S W M W P Z
I L S N A C K S A C
P T O L A M I T J L
X A P I L L O W A O
B B R U S H H E M T
O I A O W N N O A H
A D J G A V A R S K
R E A S T O R I E S
D A C L O T H E S W
I S W Y A O X S V F
```

PEE-YEW!

WORD LIST

brussels
SPROUTS

PICKLES

burnt
POPCORN

FISH

hard boiled
EGGS

SHRIMP

TOFU

CHEESE

ASPARAGUS

GARLIC

ONIONS

WOW! THESE FOODS CAN REALLY STINK UP A ROOM!
CAN YOU FIND ALL OF THE STINKY FOODS?

```
T S H R I M P P L T
Z O G A R O K I C Y
B M F S I N T C H O
G S U P T I O K E N
A H P A O O F L E I
R F G R F P U E S O
L I R A O S C S E N
I S L G R U B O X S
C H E U S L T N R X
E G G S L L I S N N
```

ANSWERS ON PAGE 100

THE PERFECT PET!

WORD LIST

DOG
CAT
IGUANA
HAMSTER
BIRD
BUNNY

FISH
FERRET
SNAKE
MOUSE
RAT
GUINEA PIG

PETS CAN BE A WONDERFUL PART OF ANY FAMILY, AND THERE ARE SO MANY DIFFERENT KINDS! SEE IF YOU CAN FIND THEM ALL. DO YOU KNOW ANYONE WITH THESE KINDS OF PETS?

```
M O U S E O C A P D
G U I N E P A H W O
L H A M S T E R I M
E O G F I S H A G F
B U F E R R E T U Q
I I E W S M H K A H
R X R R N B U N N Y
E O G D A R V C A T
B P X I K I G U A N
G U I N E A P I G M
```

JOKES

WHAT IS THE FUNNIEST JOKE YOU HAVE EVER HEARD? TRY THESE OUT ON YOUR FRIENDS AND SEE IF THEY LAUGH! THEN FIND THE PUNCHLINES IN THE PUZZLE.

```
Y W A V E S F U M Y K I
M M N B T I C K L E S P
M O O H O E H B A P E A
U N N I J E O P O L L
G C A K K E E O S R K E
F Y O C E E T G T K C C
L O K D H Y Y I J C I H
B U L L D O Z E R H P E
H A A M R Q W K E O N E
I G U M M E R Z N P V T
X L E J M N A C H E P A
F V E L V F R Z H K G H
```

WORD LIST

What made the tissue dance?
a **BOOGIE**

How does the ocean say hello?
it **WAVES**

What do you call cheese that isn't yours?
NACHO cheese

What do you call a pig that knows karate?
pork **CHOP**

How many tickles does it take to make an octopus laugh?
ten **TICKLES**

What kind of tree fits in your hand?
a **PALM** tree

What do you call a bear with no teeth?
a **GUMMY** bear

What do you call a sleeping bull?
a **BULLDOZER**

What kind of animal do you not want to play games with?
a **CHEETAH**

What kind of key opens a banana?
a **MONKEY**

ANSWERS ON PAGE 101

THINGS YOU
CAN LEARN AS
PART OF A TEAM

BEING A PART OF A TEAM, WHETHER IT IS FOR A SCHOOL PROJECT OR A SPORT, IS A GREAT OPPORTUNITY FOR LEARNING.
AS PART OF A TEAM YOU CAN...

WORD LIST

Put your **TRUST** in others
LEAD
FOLLOW
CONTROL emotions
Use your **STRENGTHS**
Avoid being a sore **WINNER** or sore loser
Deal with **STRESS**
RELY on others to achieve your goal
LEARN from others
Work **TOGETHER**

```
R H C J R E L Y P C
S F T O L R G E P O
T T O O N L E A R N
R W R L G T R U S T
E I U E L E R U T R
N N Y L N O T O R O
L N L Y X G W E H L
C E E V T S T R E S
C R A R E F Y H K R
Z I R D S T R E S S
```

PIZZA
PARTY!

NO PARTY IS COMPLETE WITHOUT SOME PIZZA! YOU NEED TO MAKE SURE YOU HAVE LOTS OF DIFFERENT TOPPINGS, LIKE THESE BELOW.

WORD LIST

PEPPERONI	HAM
OLIVES	CHEESE
PINEAPPLE	PEPPERS
SAUSAGE	BACON
MEATBALL	SPINACH

```
P A Z E E J I T Z C K F
N E Y Q P L F Q U H B S
X G P L I M O A J E F H
G A S P N P E P P E R S
B S E H E U H F E S S E
N U V D A R V E G E P M
V A I N P M O P L E I E
J S L Q P M L N Y B N A
V S O I L Q K O I L A T
N E H X E P C C M E C B
O V M E A T B A L L H A
C I W S Q I P B T U N L
```

ANSWERS ON PAGE 101

MOVIE
NIGHT!

WATCHING A FAVORITE MOVIE CAN BE A GREAT WAY TO SPEND TIME.
HAVE YOU SEEN ALL OF THESE MOVIES?

WORD LIST

the LEGO movie	how to train your DRAGON
ralph BREAKS the internet	SMURFS
	ZOOTOPIA
THE GRINCH	
TROLLS	fantastic BEASTS
SMALLFOOT	FROZEN

```
B F Z B E A S T S D
E T R O L L S L M R
A Q A O O H E E A A
S W L E G T V G L G
S M A L L F O O T O
M F R O Z E N P I B
U C S M U R F S I E
G R I N C H E A Q A
R A L P H W U K N S
U G D R A G O N K T
```

ANSWERS ON PAGE 101

MEETING THE NEW KID!

BEING NEW CAN BE SCARY. GETTING TO KNOW A NEW KID CAN MAKE THINGS A LOT EASIER FOR THEM!

HERE ARE SOME THINGS YOU CAN DO TO GET TO KNOW THEM.

WORD LIST

INTRODUCE yourself to them.

Talk about your **FAVORITE** things to see if they like the **SAME** things.

Introduce them to your **FRIENDS**, so the have more people to **TALK** to.

COMPLIMENT them.

ASK them about themselves. Maybe you like the same **MUSIC**!

INVITE them to sit with you at lunch, and **PLAY** games with them at recess.

```
Y I J M U S Y C R S
I V A X U M L O T A
N F T S G S P M F M
T A H A P A I P R I
R V P M L S A L I N
O O F E A K E I E V
D R V A Y Y W M N I
U I I N V I T E D T
C T A L C O U N S A
E E M U S I C T W T
```

ANSWERS ON PAGE 102

ANIMALS IN THE OCEANS

WORD LIST

blue WHALE   SWORDFISH

tiger SHARK   OCTOPUS

sea TURTLE   DOLPHIN

MANTA ray   DUGONG

SPIDER crab   TUNA

THESE ANIMALS CAN BE FOUND ALL
THROUGHOUT THE OCEAN.
THEY CAN ALSO BE FOUND IN THIS PUZZLE!

```
T C T D M B H R O D
U I S U Q M M S C P
N P W G N M A P T D
K T O O S A N I O O
P S R N T H T D P L
W P D G U H A E U P
H I F G R Y L R S H
A D I G T O G U K I
L E S U L D U G O N
E L H E E T Y K X Z
```

HAVING FUN OUTSIDE

BEING OUTSIDE IS A GREAT WAY TO SPEND YOUR TIME NO MATTER THE SEASON!
THERE ARE LOTS OF DIFFERENT THINGS YOU CAN DO OUTSIDE, LIKE THESE ACTIVITIES.

WORD LIST

play TAG

look at BUGS

go for a HIKE

STARGAZE

go FISHING

ride a BIKE

plant a GARDEN

build a SNOWMAN

play HIDE-and-SEEK

jump in LEAVES

```
R  S  R  L  J  V  B  L  H  C
S  A  N  Y  E  S  U  E  I  S
N  T  Y  O  B  U  R  A  D  T
O  A  A  P  W  U  S  V  E  A
G  G  H  R  H  M  G  E  C  R
A  A  Q  B  G  I  A  S  S  G
R  R  N  D  I  A  K  N  L  F
D  D  N  E  E  K  Z  E  D  B
L  E  A  V  E  M  E  E  N  U
S  N  O  F  I  S  H  I  N  G
```

ANSWERS ON PAGE 102

ANIMALS OF NORTH AMERICA

THESE ANIMALS CAN BE FOUND ALL AROUND NORTH AMERICA!

THEY CAN ALSO BE FOUND IN THIS PUZZLE, CAN YOU SPOT THEM ALL?

WORD LIST

RACCOON

bald EAGLE

GRIZZLY bear

MOOSE

COUGAR

BEAVER

OPOSSUM

SQUIRREL

SKUNK

ELK

COYOTE

```
B S C C M S K U N O
E E Q O O O Q N R P
A B A U U Y O P A O
V E E V I G O S C S
E A G L E R A T E C
L V W X P R R K E O
O P O S S U M E U U
S R S K U N K E L G
K O G R I Z Z L Y A
R A C C O O N K I R
```

ANSWERS ON PAGE 102

GETTING LOST IN A BOOK!

IT IS NICE TO JUST SIT DOWN AND READ A FAVORITE BOOK.
ARE ANY OF YOUR FAVORITES IN THE PUZZLE BELOW?

WORD LIST

goodnight MOON	MADELINE
CHICKA chicka boom boom	if you give a MOUSE a COOKIE
the GIVING tree	where the WILD things are
CURIOUS george	
the LORAX	PETE the cat
the very HUNGRY caterpillar	NATE the great

```
H U N G R C H I C K
O P E T E U C G N E
N W I L D R V O A K
M A D E L I N E O B
O Q T C O O K I E K
O M K E R U L Z U G
L O R A X S C O C M
V O C H I C K A R F
L N L V H U N G R Y
G I V I N G S R A X
```

ANSWERS ON PAGE 103

LEARNING IN SCHOOL!

SCHOOL GIVES YOU THE OPPORTUNITY TO LEARN A LOT OF DIFFERENT AND AMAZING THINGS.
HERE ARE SOME SUBJECTS YOU MIGHT STUDY.

WORD LIST

HISTORY	ART
GEOMETRY	HEALTH
GRAMMAR	ALGEBRA
WRITING	GEOGRAPHY
MUSIC	foreign LANGUAGE

```
D M S G E O M E T R Y X
H F U Y Y A E W S H T Y
X I H S H T L A E H S H
A Q S C I E K V L I B P
R L P T W C A T A S U A
B T G V O S J L N U G R
E W R I T I N G G M N G
G R A T B W H J U H G O
L O M N Z R V V A L E E
A E M U S I A S G A N G
G R A M M E R H E R U A
K Y R O Y S I H W T N E
```

YOU CAN DO IT!

WHEN PEOPLE SAY THAT A JOB IS FOR JUST BOYS OR JUST GIRLS THEY ARE WRONG!

YOU CAN DO ANY JOB NO MATTER WHAT. FIND WHAT YOU WANT TO DO, AND DON'T LET ANYTHING HOLD YOU BACK!

WORD LIST

DOCTOR	DANCER
FIRE fighter	CHEF
NURSE	SCIENTIST
POLICE officer	ASTRONAUT
PRESIDENT	PILOT

```
B P D F P I L O T S
A I O I R O Z J P C
S L C R E D L F G H
T O T E S N E I X E
R D O C I D U R C F
O Z R T D A F R G E
N S C I E N T I S T
A J D A N C E R O E
U G A S T R O N T S
T H A C R L N E Z F
```

ANSWERS ON PAGE 103

BEING A
POP STAR

WOULD IT BE A DREAM COME TRUE TO BECOME
A POP STAR?
FINDING THESE WORDS COULD BE YOUR FIRST
STEP IN LIVING THE DREAM!

WORD LIST

FANS	CHEERS
SINGING	SINGLE
STAGE	BEAT
DANCERS	TOUR
MUSIC	GRAMMY

```
G  R  A  G  R  A  M  M  Y  F
I  M  U  S  I  K  E  D  T  B
Y  M  C  S  J  S  T  A  R  E
F  U  S  H  N  F  A  N  T  A
D  S  I  B  E  A  T  C  O  N
S  I  N  G  L  E  B  E  U  Z
Y  C  G  U  R  K  R  R  R  V
R  E  I  J  D  A  U  S  R  N
F  A  N  S  T  A  G  E  L  N
P  I  G  Q  A  E  M  E  Q  Z
```

ANSWERS ON PAGE 103

31

GETTING SNACKY

WHAT DO YOU DO WHEN YOU'RE HUNGRY BUT IT'S NOT TIME FOR DINNER YET?

YOU GET A SNACK! FOR A GREAT SNACK, TRY SOME OF THESE.

WORD LIST

APPLE	RAISINS
GRANOLA bar	CARROTS
POPCORN	SAUCE
CELERY	YOGURT
ALMONDS	TRAIL MIX
	STRING cheese

```
B C E L E R Y A H S
D A J A O A O L P U
T R G W G I G M A A
R R R L U S U O P C
A O A C R I R N P E
I T N I T N T D L L
S S O H L D N R E E
I P L A L M O N D S
N S A S T R I N G Y
S A U C E X I X V Z
```

ANSWERS ON PAGE 104

PLAYING ON THE PLAYGROUND

WHETHER IT IS AT A PARK, OR AT YOUR SCHOOL, PLAYGROUNDS ARE BUILT FOR KIDS TO HAVE AS MUCH FUN AS POSSIBLE.

CAN YOU FIND THE DIFFERENT PARTS OF A PLAYGROUND?

WORD LIST

SLIDE

crawl TUBE

MONKEY bars

SANDBOX

SEESAW

ROCK wall

JUNGLE gym

climbing NET

SWINGS

ROUNDABOUT

```
S E U J U N G L E I
H E S G S W I N G S
R W E A S L I D E S
O O M O N K E Y R E
C G U E U D X E L E
K T Z N D E B V N S
J U N G D P M O W A
X B V I E A J N X W
N E L E T P B F E B
R O U N D A B O U T
```

SILLY WORDS

THESE WORDS SOUND REALLY SILLY WHEN YOU SAY THEM OUT LOUD. FIND THEM, AND IF YOU HAVE HEARD OF SOME OF THEM, TRY TO FIND OUT WHAT THEY MEAN!

WORD LIST

GIZMO	KAPUT
SNARF	PLOP
BLUBBER	CUCKOO
CAHOOTS	EARWIG
DOODAD	SCOFFLAW
HOOPLA	

```
A C U C K A P U T Q
P S C O F F L A W R
D L A I H D O U T C
K C H X O O P D Q A
G U O D O O D A D H
I C O O P D O I S O
Z K T U L A G M N O
M O S E A R W I A P
O O B L U B B E R L
E A R W I G Z C F G
```

ANSWERS ON PAGE 104

I'M GOING TO DISNEY WORLD!

DISNEYWORLD IS THE LAND OF MAGIC AND ADVENTURE!
CAN YOU FIND THE DIFFERENT RIDES AND ATTRACTIONS FROM DISNEY WORLD?

WORD LIST

SPACE mountain

toy story MANIA

expedition EVEREST

SPLASH mountain

it's a small WORLD

PIRATES of the carribbean

SLINKY dash

DUMBO the flying elephant

TIKI room

HAUNTED mansion

```
S P A C F D H K S W
H P I B M U A M L P
S A L R E M U A I I
P E U A A B N N N P
A O V N S O T I K I
C R A E D H E A Y R
E L W O R L D A Y A
L N S K M E T I K T
P S L U N K S P N E
W E V E R R S T W S
```

THE SHOW MUST GO ON

SCHOOL PLAYS CAN BE A GREAT OPPORTUNITY TO SHOW OFF YOUR CREATIVE TALENTS.
A LOT OF THINGS ARE NEEDED TO PUT ON A SHOW, LIKE THESE WORDS!

WORD LIST

STAGE	SCRIPT
CURTAIN	COSTUME
ACTING	DIRECTOR
DANCES	TALENT
PROPS	SPOTLIGHT

```
T D S T A G R E C D
S C O S T U M E O I
T P P R O P S D S R
A C O S T U M A T E
G U R T A L E N T C
E P Z K L O L C A T
C U R T A I N E L O
S A C T I N G S O R
S P O T L I G H N X
D A N S C R I P T F
```

ANSWERS ON PAGE 105

WHAT A CHARACTER

WATCHING TV CAN BE A GREAT WAY TO RELAX, AS LONG AS YOU DON'T DO IT TOO MUCH! WHO IS YOUR FAVORITE TV CHARACTER? ARE THEY IN THIS LIST?

WORD LIST

TWILIGHT Sparkle (My Little Pony)

STAR Butterfly (Star vs The Forces of Evil)

GUMBALL Watterson (The Amazing World of Gumball)

HERA Syndulla (Star Wars Rebels)

FINN (Adventure Time)

WEBBY Vanderquack (Duck Tales)

MABEL Pines (Gravity Falls)

LINCOLN Loud (The Loud House)

LEONARDO (Teenage Mutant Ninja Turtles)

Steven **UNIVERSE** (Steven Universe)

```
T G U M B W V O G W
M W N L M R E H U E
C F I N I A S B M B
B H V L P N B T B Z
W R E M I F C E A Y
E O R R T G I O L R
B B V F A V H N L C
B I E H E R T T N N
U N I V E R S E R A
L L E O N A R D O K
```

GREETINGS
FROM
AROUND THE WORLD

WORD LIST

HELLO (English)

HOLA (Spanish)

GUTENTAG (German)

BONJOUR (French)

SHALOM (Hebrew)

CIAO (Italian)

SALAAM (Persian)

ALOHA (Hawaiian)

NAMASTE (Hindi)

MERHABA (Turkish)

EVERY LANGUAGE HAS A DIFFERENT WAY TO GREET PEOPLE!

HOW MANY OF THESE HAVE YOU HEARD?

ciao   bonjour

```
S W M E R H S A P G N A
G S A L A A H O L A T C
U U H P Q G A E C O A O
T V T A M A L L L N N G
E B R E L I O B O O A U
N B O N J O U R S H M T
T A G N N A M A A Z A E
V L H S J C B C L H S N
U O M E R H A B A Y T T
F H S H L X C I A O E A
C H E L L O U F M Y Q G
O N H O U N A L O H E T
```

ANSWERS ON PAGE 105

DEALING WITH BULLIES

BULLYING IS WRONG AND CAN BE A REALLY BIG PROBLEM IN SCHOOL.

DO YOU KNOW WHAT BULLYING IS? WHAT SHOULD YOU DO IF YOU OR SOMEONE YOU KNOW IS BEING BULLIED?

WORD LIST

What is bullying?
1. making OTHERS feel bad
2. TEASING or name-calling
3. THREATENING people
4. hitting or HURTING others
5. excluding someone from a GROUP

What can you do to help?
1. Tell the bully to STOP
2. Ignore the bully and WALK away
3. Tell a TEACHER
4. Tell your PARENTS
5. Stay by your FRIENDS

```
P H H K I R T G R O U P
A P O T E A S I N G G G
T T Z E J F S T O P V X
R O S A T O R J Z A B K
K R T C Q F D I I R C V
I L I H W G R N E E K M
L Z A E E A N I H N I Z
X V H R M R L T E T D B
T L W S R D S K X S S S
C K H U R T I N G M D D
T H R E A T E N I N G S
U L P B A L U T E A C H
```

GOTTA CATCH 'EM ALL

CATCHING AND TRAINING POKÉMON IS THE ULTIMATE WAY TO BECOME A POKÉMON MASTER.
BUT, YOU HAVE TO FIND THEM FIRST!

WORD LIST

PIKACHU	PSYDUCK
BEWEAR	MELTAN
SQUIRTLE	LUNALA
EEVEE	MR. MIME
MIMIKYU	LITTEN
CHARIZARD	SNORLAX

```
A K H K S N O R L A Q M
P S Y D U K E B U P S I
I B E W E A T E N S Q M
K X I G L P N W A Y U I
A C H A R I Z A R D I S
C M V P G K T Z A U R N
H I A R I A G T M C T O
A M E P A C S M E K L R
R I N E N H R V X N E L
I K A U V U L U N A L A
Z Y M I M E L T A N J X
A U J C T B E W E A R B
```

ANSWERS ON PAGE 106

A DAY AT THE BEACH!

ONE OF THE BEST WAYS TO SPEND A SUNNY DAY IS AT THE BEACH!

CAN YOU FIND ALL THE WORDS THAT HAVE TO DO WITH YOUR DAY AT THE BEACH?

WORD LIST

SUN	SEAGULL
SANDCASTLE	SHELLS
OCEAN	GAMES
SWIMMING	SANDY
TOWEL	PICNIC
UMBRELLA	SUNBURN

```
G A V D D E P D S X F A
M P O N G G A M E S U G
Y I S W I M M I A E M U
R C S A S F S O G A B L
U N M U N U A H U G R L
P I S U N D N I E U E D
O C E A N B C B E L L S
S N Q E G I U A U L L Z
A I P F A W E R S R A S
N S W I M M I N G T N K
D R B Q E T T O W E L S
Y L U M O S H O Q V M E
```

INCLUDING
OTHERS

HAVE YOU EVER NOT BEEN INCLUDED IN SOMETHING? IT ISN'T A GOOD FEELING, IS IT? INCLUDING OTHERS IS IMPORTANT, AND HERE'S WHY.

WORD LIST

No one likes feeling LONELY.
You can make new FRIENDS.
You make others feel WELCOME.
It can PREVENT others from feeling sad.
No one likes being EXCLUDED.
It feels good to make OTHER people feel happy.
Having others around lets you LEARN from them.
It's not good to be SELFISH.
It teaches you to be AWARE of other's needs.
It shows COMPASSION.

```
D D E D U L C X E P C I
U R C Z A D Q F X R O V
X E M O C L E W N E V Y
T H Y I M J A G R V P H
B T C M A P W V A E T Q
L O N E L Y A V E N W O
A E F A M G R S L T E J
A W A R M K E I S T L X
G V Y R I O C Y X I C E
X E S D N E I R F M O F
L G D D B R N E U G M N
S E L F I S H D A Y A Z
```

ANSWERS ON PAGE 106

SUMMER
BREAK!

SUMMER BREAK CAN BE THE BEST PART OF
THE YEAR, IF YOU SPEND IT HAVING FUN!
HERE ARE SOME ACTIVITIES THAT CAN
MAKE YOUR SUMMER SUPER!

WORD LIST

Swimming in the POOL
Riding BIKES
Playing SPORTS
Being OUTSIDE
Going to CAMP
Eating Ice CREAM
Hanging with FRIENDS
Going on a PICNIC
Going to a WATER Park
Go on VACATION

```
U  R  P  M  I  Z  N  F  P  T  E  V
S  P  O  R  P  C  D  K  I  T  C  J
U  H  U  A  H  E  E  E  C  A  M  F
H  X  T  C  D  P  H  C  N  G  I  E
R  P  S  I  A  T  O  G  I  V  C  L
P  F  I  N  Z  M  R  O  C  A  E  W
B  R  D  C  A  A  P  I  L  C  C  Y
M  I  E  W  A  T  E  R  P  A  R  K
G  E  K  B  I  K  I  S  K  T  E  P
L  N  S  E  V  A  C  A  T  I  A  C
R  D  J  A  S  R  L  S  V  O  M  Z
S  S  P  O  R  T  S  G  G  N  X  D
```

POOL PARTY

WORD LIST

pool NOODLE   SANDALS

super SOAKER   SNACKS

TOWEL   SUNGLASSES

GOGGLES   SWIMSUIT

SUNBLOCK   extra CLOTHES

POOL PARTIES ARE GREAT FOR COOLING OFF AND HAVING FUN WITH FRIENDS, BUT YOU NEED TO MAKE SURE YOU HAVE EVERYTHING! FIND THE POOL PARTY ESSENTIALS IN THE PUZZLE BELOW.

```
F S X D T K T O W E R D
S U N B L O C K M G A E
M N H K Z C W X Z R N K
S G G O G G L E S C O N
C L Z C H U G O L F O M
S A X K V I P Z T I D T
A S S N A C K S L H L C
N S S U N G L A S S E S
D I P S N U B Y E G N S
A O B O X B P A Q I X T
L D W X I S O A K E R G
S W I M S U I T T S Z V
```

ANSWERS ON PAGE 107

SOLAR SYSTEM

WHEN LOOKING UP AT THE STARS, YOU MIGHT NOT REALIZE THAT THERE ARE OTHER PLANETS IN THE SOLAR SYSTEM THAN THE ONE YOU ARE ON.

THESE ARE THE PLANETS AND OTHER THINGS THAT MAKE UP OUR SOLAR SYSTEM.

WORD LIST

SUN
MERCURY
VENUS
EARTH
ASTEROIDS
MARS
JUPITER
SATURN
URANUS
NEPTUNE
COMETS

M O V A R J T C O M E P
S T E R O X D J F M A K
E K N S Y M V U U A R V
I B U A S U L P Q Y T N
S A S T E R O I D S M E
V E N U W S B T D U B P
A T M R N L U E T Z B T
A M E N E P T R A W X U
J A P I T E O Z E R F N
U R A N U S Y P X U T E
B S G E M E R C U R Y H
O M A R N C O M E T S M

IN THE BAND

BEING IN BAND CAN BE A FUN PART OF SCHOOL, AND A GREAT WAY TO LET YOUR CREATIVITY OUT.

HAVE YOU PLAYED ANY OF THESE INSTRUMENTS BEFORE?

WORD LIST

CLARINET	VIOLIN
DRUMS	TROMBONE
TRUMPET	TUBA
FLUTE	TRIANGLE
GUITAR	PICCOLO
SAXAPHONE	TAMBOURINE

```
T L Y N Q H T V I O L G
T R O M B O N E C O A Q
U R I D T R U M P E T W
B C R R G H G T U N A S
D L H U T U S S I M A
O A D M T U I R A I B X
V R P S I F B T X H O A
P I C C O L O A A D U P
R N O Q C U Z T P R R H
V E C L A R I N H U I O
S T S Q I F L U T E N N
X T R I A N G L E V E E
```

ANSWERS ON PAGE 107

PEER PRESSURE

PEER PRESSURE IS WHEN PEOPLE YOU KNOW TRY TO PRESSURE YOU INTO DOING SOMETHING YOU SHOULDN'T DO, OR DON'T WANT TO DO.

WORD LIST

1. Someone could pressure you into doing something **DANGEROUS** or **WRONG**.
2. It can be in-person or on **SOCIAL** media
3. If that happens, **TELL** them you don't want to.
4. Say no like you **MEAN** it.
5. Get **AWAY** from the situation.
6. Stay away from the people that **PRESSURE** you.
7. Say something to an **ADULT**.
8. Don't do things to try to seem **COOL**.
9. Find good role **MODELS**.

```
Q V J D A N G B M Z I L
X A K M O D E L E E O A
Q R P A E F U A A F A A
S O L D P A V L V W K N
P P N U A Z M C O W A P
C R Z L D N S I O P T Y
T E D T S L G O F O E M
N S A T E T K E C N L O
Z S U X M L K E R I L D
M U D Z S M H T A O A E
W R O N G N O C S V U L
H E T U Z C V Z T I Y S
```

ONE SEARCH
TWO SEARCH
RED SEARCH BLUE SEARCH

DR. SEUSS BOOKS HAVE BEEN A PART OF ALMOST EVERY KID'S LIFE FOR MANY YEARS. DO YOU HAVE A FAVORITE DR. SEUSS CHARACTER?

WORD LIST

the LORAX

the GRINCH

SAM-i-am

HORTON

WOCKET

CINDY lou who

THING 1 & thing 2

YERTLE the turtle

the SNEETCHES

morris MCGURK

```
H B L M S A M I I I M J Y
O W O C K N T N K I X E
R T R G E Y E R T L E R
T T A Z R S U E X O S T
C H P H L I W F C R A L
S I H A C I N D Y A M O
M N N O A P M C Z X I S
C G E D R W U Z H E A A
G S N E E T C H E S M M
R I C R E W O C K E T I
I M C G U R K N R R A A
G R I N T H E N G L E M
```

ANSWERS ON PAGE 108

USE YOUR POWERS FOR GOOD!

WOULDN'T IT BE SO COOL IF WE COULD HAVE SUPER POWERS?

JUST MAKE SURE YOU USE THESE POWERS FOR GOOD, NEVER EVIL!

WORD LIST

FLYING	MIND control
super VISION	talking to ANIMALS
TELEPATHY	being INVISIBLE
super SPEED	
time TRAVEL	STRENGTH
TELEPORTING	HEARING

```
T  I  S  P  N  O  T  C  H  C  P  P
E  V  T  I  R  F  E  T  E  T  T  E
L  I  R  N  R  G  L  M  A  G  A  O
E  S  E  V  A  S  E  Y  R  W  N  S
P  I  N  I  N  P  P  S  I  E  I  O
O  N  G  S  I  E  A  T  N  N  M  S
R  E  T  I  M  E  T  R  A  V  E  L
T  Z  H  B  A  D  H  E  A  M  L  F
I  N  V  L  L  T  Y  N  A  I  S  O
N  D  S  E  S  F  L  Y  I  N  G  O
G  V  I  S  I  O  N  U  T  D  X  J
H  E  A  R  I  N  G  V  B  N  Z  U
```

SWEET TOOTH

CANDY! NEED MORE CANDY!
FIND ALL OF THESE DELICIOUS KINDS
OF CANDY!

WORD LIST

CHOCOLATE bars

JELLY beans

GUMMIES

FRUIT rolls

LOLLIPOP

salt water TAFFY

LICORICE

COTTON candy

CARAMEL

TOFFEE

GUMDROP

```
C I C O R I C E C A Z K
V H G U M D R O P D L D
L L O L L I P O P C I S
V W C C T T O F F A C F
C H O C O L A T E E O U
W A T S F L F F C Y R G
J V T A F I A I F T I Z
E F O A E V U T R Y C G
L Z N S E C A R A M E L
L I C O R I H E B V P X
Y G U M M I E S I G U M
R H P F R U I T M G A T
```

ANSWERS ON PAGE 108

GO TEAM!

WHICH TEAM SPORTS DO YOU LIKE TO PLAY AND WHICH DO YOU LOVE TO WATCH?

WORD LIST

FOOTBALL	RELAY racing
CRICKET	LACROSSE
BASEBALL	SOFTBALL
HOCKEY	DOUBLES tennis
BASKETBALL	
POLO	MUGGLE quidditch
VOLLEYBALL	

```
G K B C R I C K E T T V
V G F A R O O U H M B D
O H F L S I B A O U A O
L S O A A K C H C G L U
L O O C N C E K K G L B
E F T R K P R T E L Z L
Y T B O R E O O B E R E
B B A S E B A L L A E S
A A L S L D P B O B L Q
L L L E A I O S A A A L
L L W B A L L V N L Y Z
H O C K E Y Y F N L L Q
```

TIME FOR BREAKFAST

BEFORE YOU LEAVE FOR SCHOOL, MAKE SURE YOU HAVE A NUTRITIOUS BREAKFAST TO START THE DAY RIGHT!

HARD TO DECIDE BETWEEN THESE BREAKFAST CHOICES!

WORD LIST

EGGS	DOUGHNUT
BACON	PANCAKES
SAUSAGE	MILK
JUICE	TOAST
OATMEAL	WAFFLES
CEREAL	PIZZA (!)

```
B S B M O T C E R E A L
W A A I I R O J U I C E
P D C U S L G A U P H O
X A O V S A K P S I X A
O W N U E A U D I Z C T
W A I C G G G S X Z U M
A F G A A H G E A W Z E
F F V H M K N C Z P C A
F W B A N E E U B I E L
L M C D T O A S T S R S
E G G S O A T M E I E S
S M Q E J U A G N G A U
```

ANSWERS ON PAGE 109

AROUND THE HOUSE

HELPING YOUR FAMILY WITH CHORES IS A NICE AND REWARDING THING TO DO. HERE IS A LIST OF THINGS YOU CAN DO TO HELP OUT.

WORD LIST

wash DISHES

clean BEDROOM

WALK the dog

mow the LAWN

rake LEAVES

take out the TRASH

fold LAUNDRY

SWEEP floors

FEED cat

set the TABLE

put away GROCERIES

```
D G U X H K X W X V M S
B T R L A W K E X Z R W
E C S O B E D R O O M E
D L A H C T R A S H B P
W A L K L E A V E S N R
L W C A A R R B F R E T
T N D N U F L I E D V E
A K I V N S E N E I T G
B V S Q D W A E D S X T
L L H Z R E V A B L Q A
E P E F Y E E L D R M H
I Y S L X P S Q P C W A
```

FORWARDS & BACKWARDS

A PALINDROME IS A WORD, OR PHRASE, THAT IS THE SAME FORWARDS AND BACKWARDS. CAN YOU SPOT THESE PALINDROMES AND MAYBE THINK OF A FEW MORE?

WORD LIST

RACECAR	ROTATOR
KAYAK	CIVIC
LEVEL	STATS
MOM	PEEP
NOON	TOP SPOT
REDDER	STEP ON NO PETS

```
R E D D E R N R S R S R
C K A Y A K M O M U T D
S C C C S P R T O P E B
T Z P I T F M A P N P E
S L E V A T O T C B O E
T T J I T Y R O O E N P
S Z A C O Q A R U P N K
S L L T P L C K O M O P
A E A O S E E P E E P Y
S T E P P V C V R B E A
T F Z S O E A V E C T G
D L K P T R R W T L S W
```

ANSWERS ON PAGE 109

COOKING

IF YOU LEARN TO COOK YOU'LL ALWAYS BE ABLE TO EAT WHAT YOU LIKE!
START BY KNOWING ALL OF THESE THINGS YOU NEED FOR COOKING!

WORD LIST

SPATULA

MIXING bowl

LADLE

frying PAN

measuring SPOON

OVEN MITT

COLANDER

INGREDIANTS

RECIPE

CUP

WHISK

```
K G Z I O V E N M I T T
B P A M B M W E N M I T
I N G R E D I E N T S H
C A R T Y M S X I U P W
N O R E D I K N I S A H
T K L X C X J V Z N T I
N O A A A I D C O J U S
T N V L N N P R U S L K
Y Y E E A G T E F P A N
C O L A N D E R A O D B
W S R E C M P E Y O L V
M K L A D N E E O N E H
```

LEGOS: WHAT WILL YOU MAKE?

PLAYING WITH LEGOS ALLOWS YOU TO MAKE ANYTHING YOU WANT, CREATING YOUR OWN IMAGINARY WORLD!

TRY FINDING THESE IDEAS THEN SEE IF YOU CAN BUILD THEM!

WORD LIST

MOONBASE

bat MOBILE

a spider ROBOT

JETPLANE

SKYSCRAPER

dump TRUCK

a race BOAT

dinosaur CYBORG

a flying CASTLE

SECRET headquarters

UNICORN

RAINBOW bridge

```
M O O N Q R C A S T L E
T R U C K S A G Q R U M
S S E C R E T I V U N O
U N K C B C R M N C I B
M I L Y Q R U O S B C I
O C Y B S E C O B L O L
B O B O M C O N P O R W
I I R R M L R B I L N W
L N S G O P J A O C L P
E T R O B O T S P A T A
B O A T I W F E K E V T
J E T P L A N E T R R L
```

CRAZY CREATURES

WORD LIST

BIGFOOT	OGOPOGO
UNICORN	YETI
MERMAID	KRAKEN
NESSIE	FAIRY
DRAGON	CHUPACABRA

PEOPLE HAVE BEEN TRYING TO SPOT THESE CRAZY CREATURES FOR YEARS. NOW YOU CAN GIVE IT A TRY!

```
E U N I C F R M K F A K
C H U P A C A B R A D R
Y F K R A K E I A I R A
M Y N A Z B K D K R A C
E I E F E I E R E Y G K
R R S T B G R A A O O T
M Y S G I F I G F K B Y
A R I O G O P O G O E E
I U N I C O R N V P D N
D Q Q Y F T I T I O E B
C H U P A O P O G B N A
N E S S I E O F A I S G
```

ANSWERS ON PAGE 110

ANIMALS OF ASIA

WORD LIST

PANDA	ORANGUTAN
KOMODO dragon	slow LORIS
siberian TIGER	indian ELEPHANT
TAPIR	KING COBRA
MACAQUE	bactrian CAMEL

ASIA IS A HUGE CONTINENT WITH SOME AMAZING ANIMALS.
THEY CAN ALSO BE FOUND IN THIS PUZZLE!

```
T C D F P Q U A D E K O
I K O M O D C B B M C R
G G T B M C A J O A O A
R T A I R A M C R C B N
E A P N G M C N A A R G
E P I A B E L A N Q A U
L O R I N L R E G U U T
E R P A N D H N U E W E
P E L E P H A N T B T N
H O L O R I S L A Y Q T
A S K O M O D O N B V R
N P A N D U E T N C E G
```

ANSWERS ON PAGE 110

FIGHTS

AVOIDING FIGHTS IS NOT ALWAYS EASY, BUT IT IS ALWAYS NECESSARY.

HERE ARE SOME IMPORTANT THINGS TO KNOW FOR ENCOUNTERING SOMEONE WHO WANTS TO FIGHT YOU.

WORD LIST

1. **AVOIDING** a fight doesn't make you a coward.
2. It makes you the **SMARTER** person.
3. Stay **CALM**.
4. Manage your **EMOTIONS**
5. Attempt to **LEAVE** the situation.
6. Find somewhere **SAFE**
7. Try to get an adult's **ATTENTION**.
8. If you think someone wants to fight you, stick with **FRIENDS**.
9. Don't **REACT** to insults.
10. Make sure your **PARENTS** know what is going on.

```
A E K L E A V E R M S I
W C A L M V P C E O M W
F J E T O X A N A T A Q
N R A R T F R U C L R F
B N I T I E E T T O T A
W P H E O I N X Q N Q V
V M A I N E T T F S I O
M A R R S D S H I F R I
V R O O E A S T K O V D
H T E B P N F K I E N I
I E S M A R T E R O A N
J D X S N N A G X Z N G
```

RHYME
TIME

FINDING WORDS THAT RHYME CAN BE FUN!
CAN YOU FIND THESE RHYMING WORDS IN
THE PUZZLE BELOW?

WORD LIST

GOOSE	MOOSE
FOX	SOCKS
YAK	QUACK
BUNNY	HONEY
BOWLED	GOLD
SCHOOL	JEWEL

```
S E E V L J A F Y V N B
V O S Z G X B M A E K L
G A C N Q G U O V X J U
O F H K U O N O W H E G
O H O A A L N S Y L W O
S A O X C E Y E A Z E L
E U L N K S O C K S M D
B O W L E M C K O U D Q
J E W E L Y F H X M O U
R Y A L G W O D O T S A
Q U A K C E K B U O T C
B U N T T Y H O N E N Y
```

ANSWERS ON PAGE 111

HAVING FUN
IN GYM CLASS

GYM CLASS IS A FUN AND ACTIVE PART OF ANY SCHOOL DAY, AND THERE ARE LOTS OF WAYS TO HAVE GUN IN GYM.

HAVE YOU PLAYED THESE GYM CLASS GAMES BEFORE?

WORD LIST

KICKBALL

capture the FLAG

BASKETBALL

four SQUARE

WIFFLE ball

PARACHUTE

TUG of war

SPUD

DUCK, duck, goose

FREEZE tag

M S W K I C K Z B T L P
S Q W F R F F L A G S A
G U I S P U D J S L Q R
P A F R E E Z E K N U A
A R F D R A F E E V A C
R M L D U R A E T V R Q
A Q E L X C N F B B E O
C I L S L B K L A E W P
H J K I C K B A L L Q P
U H K T A Q D I L G D K
T F B N I K C U R U C F
E B H O W T U G N X H G

LET IT
SNOW

HAVING A SNOW DAY MEANS
NO SCHOOL!
WHAT KINDS OF THINGS DO YOU LIKE TO DO
DURING YOUR SNOW DAY?

WORD LIST

drink hot **CHOCOLATE**

make snow **ANGELS**

have a **SNOWBALL** fight

watch a **MOVIE**

SLEEP in

build a snow **FORT**

go **SLEDDING**

put on lots of **BLANKETS**

read a **BOOK**

make **COOKIES**

```
I  O  A  B  L  A  N  K  E  T  S  S
C  V  D  A  Y  F  S  L  E  E  P  M
H  S  S  C  N  M  O  V  I  E  U  Y
O  G  N  O  H  Q  V  R  Z  C  F  H
C  N  V  O  M  O  N  O  T  D  B  L
O  U  I  K  W  L  C  H  O  C  O  L
L  I  B  I  R  B  H  O  W  H  O  O
A  N  G  E  L  S  A  F  L  M  K  P
T  M  S  S  E  E  G  L  Q  A  M  N
F  L  E  G  V  Z  E  H  L  X  T  O
D  J  X  V  L  U  P  Z  H  K  N  E
M  S  W  S  L  E  D  D  I  N  G  X
```

ANSWERS ON PAGE 111

FIELD TRIPS

FIELD TRIPS ARE ONE OF THE MOST EXCITING PARTS OF THE SCHOOL YEAR!
HAVE YOU GONE ON THE TRIPS IN THE PUZZLE BELOW?

WORD LIST

ZOO

MUSEUM

AQUARIUM

FIRE station

FARM

HISTORIC sight

LIBRARY

PARK

city HALL

BOTANICAL garden

```
B O T A N I C A L E M U
Z K L R Q O F Z E M A M
H D C I T Y H A L L B H
U I E S B G P A R K S I
M B S A Z R Y B O Z P S
D R R T Q F A R M A O T
O A F I O U G R I M A O
Y W B N U R A L Y U R R
H P L R L M Y R F S K I
D H N G Y H Z O I E Y C
A D P U F I R E R U D W
U X T Q I T A L Y M M O
```

BEATING BOREDOM

BEING BORED IS NO FUN!
HERE ARE SOME THINGS TO TRY TO HELP YOU
BEAT BOREDOM.

WORD LIST

1. Go for a **BIKE** Ride
2. **WRITE** Your Own Story
3. Have a **DANCE** Party
4. Make a **FORT**
5. **DRAW** Something Awesome
6. Play a **CARD GAME**
7. **HELP** Around the House
8. Try something **NEW**
9. **BAKE** Cookies
10. **INVENT** a Game
11. Do a **WORD SEARCH** !

```
F F E C K I N V E N T B
A D N Q O B J X K W A V
W O H E L P A R X O F J
O O G W Z C B K E R E N
N V R E E A V I E D A B
C A R D G R M E K S D U
E O G A S D U K R E I A
Y A J N M G Q B F A N J
D A X C Q A C J N R V V
R M B E T M C D E C E X
A R C Y O E G H W H L V
W W R I T E A F O R T H
```

ANSWERS ON PAGE 112

SPENDING TIME WITH FAMILY

SPENDING TIME WITH YOUR FAMILY IS IMPORTANT AND CAN BE A LOT OF FUN.

HERE ARE SOME THINGS YOU CAN DO WITH YOUR FAMILY.

WORD LIST

1. go on a **PICNIC**
2. **WATCH TV**
3. just sit and **TALK**
4. make a **FAMILY TREE**
5. tell **STORIES**
6. **COOK** breakfast
7. **PLAY** games
8. read **TOGETHER**
9. make a **SCRAPBOOK**
10. draw **PICTURES** of each other

```
R B P C S C R A P B R E
H F W T G V P W I J L S
Z S A A O O K I C A Z C
B E A M T G N R C I P R
X M K S I C E Y N N I A
F M G T R L H T I J C P
Y K I O Y K Y T H F T C
T L P R A P Q T V E U O
F A M I L Y T R E E R O
Q T X E P I C N I C E K
Q B I S Q X S C H G S S
L K O O B P A R C S B A
```

GOING CAMPING

GOING OUT INTO THE WILDERNESS AND SPENDING TIME WITH NATURE IS AN IMPORTANT PART OF CAMPING. CAN YOU FIND THESE OTHER PARTS?

WORD LIST

TENT	SLEEPING bag
SMORES	FLASHLIGHT
CAMPFIRE	FOOD
RAIN GEAR	GAMES
SAFETY	BUG SPRAY

```
R Y F F S M O R E D C Q
Y A O G F M O D N M A W
E R I D A S O C B F M X
R P H N E M C R W L P Q
I S G U G Q E M E A F O
F G Y P B E E S U S I E
P U S X T C A G J H R B
M B D A Z M S R J L H V
A G I W F P B S H I L D
C N S L E E P I N G I O
V F L T E N T W I H G O
W O Y W M R C Y N T H F
```

PIXAR
FAVORITES

PIXAR MAKES CARTOON MOVIES FOR THE WHOLE FAMILY. HAVE YOU SEEN ALL OF THEM? WHAT ARE YOUR FAVORITE ONES?

WORD LIST

CARS

TOY STORY

WALL-E

COCO

MONSTERS inc.

INSIDE out

the INCREDIBLES

finding NEMO

BRAVE

RATATOUILLE

a BUG'S life

the good DINOSAUR

```
D S C N E W M O F R T I
I P O C M F W M J A C C
N N U S O P N S X T A X
O F G E N C Q E I A R Y
S E Y I S Z O Y M T S E
A B C J T O Y S T O R Y
U R U I E A B W L U E T
R A F G R I Y W A I Q V
W V I N S I D E N L E Y
X E K V W A L L E L L A
I N C R E D I B L E S Y
N C N E M A B R A V O N
```

ANSWERS ON PAGE 112

HEROES &

ANSWERS ON PAGE 113

FOR EVERY VILLAIN HATCHING SCHEMES AND EVIL PLOTS, THERE IS A HERO TO STOP THEM. CAN YOU FIND THE HEROES IN THIS PUZZLE AND THEIR VILLIANOUS NEMESIS IN THE OTHER?

WORD LIST

SHERLOCK holmes

SUPERMAN

MARIO

GANDALF

harry **POTTER**

AVENGERS

SIMBA

ROBIN hood

ALICE

james **BOND**

PETER PAN

MATILDA

violet **BAUDELAIRE**

```
G U L S J R U L C C B O V P G
U D B A U D E L A I R E L A K
Y S R E G N E V A M Y N N U A
W S N C X P Z E P D N D A V V
G R U K G E K E D E L L B Q E
D K H P Y T V C P C L I K L N
P V H Z E E I Z O I D K T Y G
N M D M A R I O T L A U Y A E
A I K B K P M G T A R L W V M
Q U B E O A Y A E P Y E I P A
Y G A O W N G A N D A L H C S
I T A M R E P U S T S V Q S H
A B M I S D T F L A D N A G E
V D B S T Q S Y V R E T T O P
B V B O N D R R O B B I N R L
```

68

VILLAINS

WORD LIST

MORIARTY

lex LUTHOR

BOWSER

SAURON

VOLDEMORT

THANOS

SCAR

the SHERIFF of nottingham

QUEEN of hearts

GOLDFINGER

captain HOOK

agatha TRUNCHBULL

count OLAF

```
M Y F F Z A W J Z I O A C J O
O I F S A U R O N M L R N J C
R L I A V O I G P B A U E Y I
I U A W L H S G O I E N E P W
A L G N M O P T A C S C U U A
R R L O F O J P K E F H Q I M
T Z D U L V R E S W O B Y V L
E S W D B D K I C D Z U J O U
X C K O O H F D A T Y L X L T
V Q S X Q R C I R R H L Z D H
J H L H U Q I N N Q T A T E O
F F I R E H S U G Z Y N M R
M V Z Q E U T E C R E H T O L
A H G J B U E D P B T R J R S
D P A W S L R Z R G D E X T K
```

ROCK AND ROLL!

ROCKS AND MINERALS ARE ALL AROUND US! DO YOU KNOW WHAT EACH OF THESE ROCKIN' TERMS MEANS?

WORD LIST

IGNEOUS	METAMORPHIC
GOLD	MICA
GRANITE	ZINC
SEDIMENTARY	CLAY
MARBLE	SHALE
COBALT	LIMESTONE

```
C Z E O F G O L D M F N H A I
V Y N C R I R H U D Y C V C C
J U O T O N I Z A Z U O K I C
M E T A M O R P H I C B B M Z
V Z S S E D I M E N T A R Y W
S I E A J N W Z E C J L Z E W
H J M G R E N O T S E M I L Y
R H Y M R G M E E F V F C M
D L L Z M A R B L L E A M W I
N E S U O E N G I Z F M A H C
N A U S S K S I Q V J C R O I
K C L A Y Y H Q T U K Z B J P
U S W E J R A P Z E I A L U C
D R V V B H L S H A L E E E M
O S D X R X T W J T U P M Z E
```

ANSWERS ON PAGE 113

ANIMALS OF AFRICA

THESE ANIMALS, AND SO MANY MORE, CAN ALL BE FOUND IN AFRICA!

CAN YOU GO ON SAFARI THOUGH THIS PUZZLE AND SPOT THEM?

WORD LIST

PANGOLIN

CHEETAH

ANTELOPE

spotted HYENA

blue WILDEBEEST

silver-back GORILLA

yellow BABOON

AARDVARK

greater KUDU

BONOBO

african ELEPHANT

west-african GIRAFFE

```
K R A V D R A A C C F I H H T
H O T J K D E A E H I Y Q S Y
Y O U Y T F N T N E E E E U E
E W C F F T E C I N X E B T L
N N C A E L P L A K B I T S E
G Z R L Q K A G E E U Q L A P
G I O W I X N L D P R D T D H
G P V Y H P G L L J H A U P A
E J C C N P I X D I J A T O N
Q T B H L W L V O Z R X N L T
W G O E H G I J B M E O E E Y
M U N E V N N P O B G C G T K
C Q O T C U P A N G O L I N R
J G B A T O K A O S M C J A S
G J A R G N O O B A B U L Q H
```

FEELING
ANXIOUS!

EVERYONE FEELS ANXIOUS SOMETIMES. SOME MORE THAN OTHERS.

HERE ARE WAYS TO DEAL WITH THE ANXIETY SO IT DOESN'T BECOME OVERWHELMING.

WORD LIST

1. Take Deep **BREATHS**.
2. Focus on the **PRESENT**, the future can wait.
3. Do something **PRODUCTIVE**
4. Watch something **FUNNY**.
5. Figure out what the **CAUSE** is,
6. And **FOCUS** on something else.
7. Listen to **MUSIC**
8. Go for a **WALK**.
9. **STAND** up straight.
10. Drink **WATER**
11. Get a **GOOD NIGHT'S** sleep

```
Q H Y S D B D W D O H D Q X D
P R O D U C T I N E U B V B A
S N Y N B V U X A T A E I R V
L T Q C C R R W T H Z V H E B
K F A A P V E J P R L I E A J
N R U N J D T A Y V N T V T K
Y S E O D K A N T Q L C N H M
E O X G Z P W D E H E U H E P
N U X P S U C O F S S D R J V
C R W A L K C D E S E O I D A
I G O O D N I G H T S R B E H
S J E O S E H S Q S B P P A Y
U L N H J P B Z Q N P R K F N
M K D M C J E H P Y N N U F V
W A T U R G V C G M J S J B A
```

SYNONYMS,
DIFFERENT, BUT THE SAME

SYNONYMS ARE WORDS THAT ARE DIFFERENT BUT MEAN SIMILAR THINGS.

SEE IF YOU CAN FIND THE SYNONYMS BELOW AND FIGURE OUT WHAT THEY MEAN.

WORD LIST

AMAZING ⟷ SPECTACULAR

APPLAUD ⟷ CLAP

CONFUSED ⟷ BAFFLED

BORING ⟷ HUMDRUM

GOOFY ⟷ ZANY

NEAT ⟷ NIFTY

STRANGE ⟷ BIZARRE

```
F D H S H M A B K T K S E B A
D U A L P P A W Y N A Z P M S
B J G B M F B H K V P Y A A H
V W E O F Q C K X R D Z A N U
D P K L O S S T R A N G E A M
M C E T X F C P O L D E P P D
S D N I F I Y N X U E C A P R
Z B O R I N G P W C S L L T U
N E A M A Z I N G A U A C A M
X Z R C P W P E D T F B K U T
W W V R N B T L V C N W Q D S
L L Q I A C S F L E O Z F Y I
K R F C J Z P F E P C H T C E
E T T Z U B I A A S F N E A H
Y L W S S N U B N U J D J T Q
```

DOG MAN!

IT'S DOG MAN, THE CRIME-BITING CANINE WHO IS PART DOG, PART MAN, AND ALL HERO!

WORD LIST

1. **PETEY** the cat
2. a tale of two **KITTIES**
3. lord of the **FLEAS**
4. **BRAWL** of the wild
5. **ZUZU**
6. **DR. SCUM**
7. **WORD-B-GONE** 2000
8. **CHIEF**
9. **PHILLY**
10. **CAT KID**
11. for whom the **BALL ROLLS**
12. the **SUPA BUDDIES**

```
S  D  R  S  C  U  M  X  Q  B  E  S  C  N  V
U  I  F  C  Z  U  Y  W  T  D  K  H  Y  N  T
P  K  H  U  S  B  T  F  Y  R  I  L  L  Q  N
A  P  Z  Y  M  E  S  K  J  E  T  J  L  X  E
B  A  I  G  Y  W  I  V  F  N  T  O  I  R  H
U  C  U  Y  S  O  T  D  Y  L  E  E  H  R  O
D  W  F  T  L  R  E  B  D  I  N  K  P  Y  N
D  P  K  K  L  D  A  Y  F  U  S  E  R  T  S
Y  D  F  C  O  B  D  R  D  E  B  B  E  R  F
I  C  G  F  R  G  A  H  B  C  R  A  I  T  L
X  H  J  A  L  O  H  V  R  A  U  K  P  H  E
P  I  W  L  L  N  S  V  W  T  U  U  H  U  E
I  L  W  S  A  E  L  F  D  K  L  U  X  T  S
O  F  C  W  B  S  E  I  T  T  I  K  U  K  G
E  U  S  I  T  M  X  E  R  C  A  T  K  I  D
```

ANSWERS ON PAGE 114

?RIDDLE ME THIS!

RIDDLES ARE BRAIN-TEASERS THAT MAKE YOU THINK!
CAN YOU SOLVE THESE RIDDLES AND FIND THEIR
ANSWERS BELOW?

```
O L M K G W U I F D E L Y F F
N I I A R P A P F V A F J E M
T R S O F C T P X M O G N H U
L E S P A N J I M M Y W E D S
Y W I R W V N S U W Q Q I O H
T R S B E V E S W G Y Q T J R
A O I O G F H I P D H R H H O
W G P Z N R W S H T T A E P R
N T P T O G F S O F W J R H U
F E I O P P J I N Y T C C O U
L P V W S W G M O G A N O N E
P Q A E H D N I X R K B J E I
X N H L S M O O R H S U M G X
C L D U F B W O A I G O L G C
X D Z Z V D T Q L O W I N C O
```

ANSWERS ON PAGE 114   75

WORD LIST

1. What gets wet as it dries?
   a **TOWEL**
2. What needs an answer but doesn't ask a question?
   the **PHONE**
3. Jimmy's father had three sons. Snap, Crackle, and...?
   JIMMY
4. How much dirt is in a hole, 5 feet wide and 4 feet deep?
   NONE
5. I am an odd number. Take away a letter and I become even. What am I?
   SEVEN
6. What has to be broken before you can use it?
   EGG
7. What word is spelled wrong in every dictionary?
   WRONG
8. What has 4 eyes but can't see?
   MISSISSIPPI
9. What is full of holes but still holds water?
   SPONGE
10. What weighs more, a pound of feathers or a pound of bricks?
    NEITHER
11. What kind of room has no doors or windows?
    MUSHROOM
12. What's orange and sounds like a parrot?
    a **CARROT**

TV TIME!

WATCHING YOUR FAVORITE TV SHOWS IS ALWAYS A FUN THING TO DO.
CAN YOU FIND THE SHOWS IN THE PUZZLE BELOW? WHAT OTHER SHOWS DO YOU WATCH?

WORD LIST

1. the **AMAZING** world of gumball
2. star wars **REBELS**
3. **ADVENTURE** time
4. teen **TITANS** go!
5. teenage **MUTANT** ninja turtles
6. **GRAVITY** falls
7. the **LOUD** house
8. duck **TALES**
9. my little **PONY**
10. **PEPPA** pig
11. hotel **TRANSYLVANIA**
12. **TANGLED**

```
U  J  J  X  E  L  T  A  L  E  S  U  H  L  F
W  G  J  A  O  D  D  I  F  M  U  T  A  N  T
Z  P  R  D  I  N  U  N  T  Q  P  B  F  A  A
I  Y  L  A  Y  N  A  O  T  A  O  S  G  Y  N
V  J  P  A  V  R  A  T  L  U  N  F  N  D  G
Z  J  E  R  D  I  D  V  I  F  Y  S  I  U  L
W  D  P  F  E  V  T  P  L  T  Y  W  Z  Y  V
X  Z  P  T  V  B  E  X  N  Y  R  T  A  T  J
E  W  A  T  F  E  E  N  F  W  S  A  M  I  S
T  A  N  G  L  E  T  L  T  A  Q  N  A  V  X
U  T  G  C  Z  O  U  Z  S  U  N  G  A  A  X
E  C  B  B  D  M  L  R  T  I  R  L  R  R  G
G  T  R  A  N  S  Y  L  V  A  N  E  T  G  T
W  Q  Y  P  F  B  C  O  X  K  N  D  U  O  L
T  L  R  C  W  H  Y  L  X  F  D  Z  F  K  T
```

BEING A
GOOD PERSON

IT'S IMPORTANT IN LIFE TO TRY AND BE THE BEST
PERSON YOU CAN BE!
HERE ARE SOME THINGS TO KEEP IN MIND.

WORD LIST

1. good people tend to be **HAPPIER**!
2. you'll have **BETTER** friends.
3. don't be **SELF-CENTERED**, think of others as often as you **THINK** of yourself
4. **TREAT** others the way you would want to be treated.
5. **FORGIVE** other people.
6. be **HELPFUL** when others need help.
7. be **HONEST**, be **POLITE**, be **RESPECTFUL**.
8. **APPRECIATE** the things you have
9. share things that you **LEARN**

```
L S J O A P P R E C I A T E E
P O L I T C F O E D Y Y E J W
S Q Q T B O P W T H I N K O Y
Y R R C R C W B L E R Y F J K
S U E G Z E N E H E F F M N D
E B I S E M A T W M I A Z A A
L V P X P R T T K H C P E D Y
E M P P N E P E K M Q R P R S
C Q A Q V D C R P J T F Y A B
E B H N E I Z T L U F P L E H
N T I C Q P G A F A U K W L O
T S E N O H B R I U O K B I N
E E H M V D T U O K L V F G E
R D E R E T N E C F L E S J S
Y N P O L I T E G I C G N R P
```

ANCIENT EGYPT

WORD LIST

PYRAMIDS

SPHINX

queen NEFERTITI

PHARAOH

SCARAB

OSIRIS

ANKH

NILE river

THEBES

SARCOPHAGUS

PAPYRUS

king TUTANKHAMUN

EGYPT IS HOME TO ONE OF THE OLDEST CIVILIZATIONS ON EARTH!
DO YOU KNOW ANYTHING ELSE ABOUT EGYPT?
WHAT ABOUT THESE TERMS?

R R A S I R Y P A P W R T D Q
N I T I T R E F E N O J U O Q
Y X N K U S U R Y P A P T K H
D M S P I U W Y S T D V A P E
G X C P H G W J I K T I N D Z
I S A U F A V F R W S H K N A
G D R Z Y H R S I Q Q L H V O
R I A A S P Y A S N Q S A I Y
T M B Z P O W W O R Q O M E Y
V A F Y H C N K D H I S U H O
P R M Q I R U O V U M S N W R
K Y F R N A E L I N E K O Q T
F P U K X S O W T X A A N K L
J T U T E N K A M E N G J U N
W X T B S E B E H T D Q X D U

ANSWERS ON PAGE 115

STAR WARS

A LONG TIME AGO, IN A GALAXY FAR, FAR AWAY...THERE WERE WORD SEARCHES THAT SPANNED THE GALAXIES.

CAN YOU SOLVE ONE OF THEM IN THIS TIME AND GALAXY?

WORD LIST

LIGHTSABER	STORMTROOPER
JEDI	DROID
SKYWALKER	YODA
MILLENNIUM FALCON	X-WING FIGHTER
THE FORCE	DARTH VADER
NERFHERDER	WOOKIEE

```
Q D I O R D Y R F V C R M K L
K T R L E G Y E D V C V C E I
J K E O P P D E D E J T W Q G
X B R U O C S I X A J H V R H
I D E J O N R K S H R F Q K T
E A B D R P E O Y S B T E X S
G R A N T R D O X W I N G C A
A T S O M V R W B T A D O Y B
E H T C R O E O V F E L R R R
Z Q H L O Y H G F N G K K O K
Y N G A T B F O R C E E D E W
A O I F S J R A G I V R B J R
D H L O M S E L L N W R L O D
Q P S A U E N D F A Q X U X O
N E R F H E F O R C K G N J R
```

SAME BUT DIFFERENT

HOMOPHONES ARE WORDS THAT SOUND THE SAME BUT MEAN DIFFERENT THINGS.
CAN YOU FIGURE OUT WHAT THESE HOMOPHONES PAIRS MEAN AND THEN FIND THEM IN THE PUZZLE BELOW?

WORD LIST

FLOUR ⟷	FLOWER
AIR ⟷	HEIR
SUITE ⟷	SWEET
MADE ⟷	MAID
WHETHER ⟷	WEATHER
PIECE ⟷	PEACE
ROOT ⟷	ROUTE
WEAR ⟷	WHERE
PLANE ⟷	PLAIN

F N M W C S A P L A I N R R T
P L F D H L W M C B W R O L J
N R O C T E G E A X E W O S P
E I R W A V T G E P A L F U M
B P O R E I I H E T T K M I G
W O O A I R W A E S H T A T A
V T T N Q E T U O R E R I E H
M R I W N E F B L I R F D X W
C W U D N U U E S F T U O R H
F E C A E P S X N V L X J D E
O A K Z L C E N A L P E I R R
A R U O L F C U K X L K E T E
B P Z V W S E M N R D P H W L
E D A M E A I Y U G A M R K S
R Q R H Y B P M N S Z O U Q T

ANSWERS ON PAGE 116

GETTING
STRESSED OUT

STRESS IS A COMPLETELY NATURAL REACTION TO PRESSURE, WHETHER IT IS CAUSED BY SCHOOL, FAMILY, OR ANYTHING ELSE.

HERE SOME TIPS TO DEAL WITH THE STRESS IN YOUR LIFE.

WORD LIST

1. take a **BREAK**
2. get more **SLEEP**
3. **TALK** it out with a parent
4. do something **RELAXING**
5. try **MEDITATING**
6. **CONNECT** with people that you like
7. get **HELP** if you feel like you need it
8. find good **DISTRACTIONS**
9. realize it is ok to be **IMPERFECT**
10. **EXPRESS** what you are feeling
11. Don't **GIVE** up
12. **MANAGE** your time

Q F W N A O M U U S P E M B R
D V L H E K B U W W X D H O U
I T D E X P R E S S V T E L G
S O N L F Z U E Q P L C L M I
T C O N N E C T W D X E P A V
D I S T R A T I O N S F E N F
A R E L A X I N G T B R L A L
C I M P E R F E T N G E H G K
T Z U B R E A K O Y Z P H E M
I F X B E Y P D D P G M B L I
O W M A E R B L M Q U I F Y N
N K H P T Z S Z J K G J V H J
S G N I T A T I D E M U A E K
V V T A L E L Z V G U E F J T
O J Q V Q V J K F Z J R F D Q

TRAVELING
THE WORLD

THERE ARE 195 DIFFERENT COUNTRIES IN THE WORLD!

DON'T WORRY THOUGH, YOU DON'T HAVE TO FIND THEM ALL, JUST THESE.

WORD LIST

CHINA	SPAIN
INDIA	ITALY
INDONESIA	KENYA
BRAZIL	POLAND
MEXICO	PERU
JAPAN	MOZAMBIQUE
TURKEY	CUBA
GERMANY	SEALAND

```
R X P D T S V Q M R G M O N O
T Y E X E R M R T I Q O O Y X
Q G R T U D A Q N A T Z L D C
J T R K E N Y K P O L A N D W
V R U N X A Y V E O T M L T Q
Z B C R B L E B R N L B Z Y M
U Y N M K A J I O E Y I D R Y
P N A L O E F N D T B Q N A O
P A K N I S Y D P E R U P A L
U M E U I S S O I M A E I D K
U R N U Q H M N R N Z P N V Y
J E Y Q T A B E P I I L D U D
B G A V G O E S Z Q L E I H R
M Q P O L A N I H C Z W A M W
J F Q H P T N A L O P H J H J
```

MINECRAFT

MINECRAFT IS A GAME WHERE YOU CAN SURVIVE IN A WORLD OF YOUR OWN CREATION. HERE ARE SOME ESSENTIAL PIECES FOR THOSE BUILDINGS. WHAT'S YOUR FAVORITE THING YOU'VE MADE IN MINECRAFT?

WORD LIST

REDSTONE	CHEST
DIAMOND	FURNACE
COBBLESTONE	NETHERRACK
GLASS	GLOWSTONE
WOOD	IRON
lapis LAZULI	EMERALD
TNT	QUARTZ
OBSIDIAN	BRICKS

```
T N D C Y X I D I A M O N E S
R N J I O C O V R W H R E G T
W E P P A B L B R I C K S J B
V G D G U M B F S R R G C Y Z
Z K S S D H O L I I U D A P T
Z Y T L T O O N E A D N F Y M
P S R S W O K Y D S I I K L W
G L A S S S N X U Z T R A U Q
Z M U P E U X E Z W O O D N X
K O Q C M Q L M U S T D N N B
T T M W E S R E M I D M R E K
X Z S P R N T R Q A R T Z R F
T H G A O A U A I R O N W X H
W H R V L I G L O W S T O N E
M E B W D G K D I R O C H X I
```

NOT-SO-BOARD GAMES

PLAYING BOARD GAMES WITH FRIENDS AND FAMILY IS A LOT OF FUN, AND YOU HAVE LOTS OF OPTIONS!

WHAT IS YOUR FAVORITE GAME?
IS IT LISTED BELOW?

WORD LIST

PARCHEESI	the game of LIFE
MONOPOLY	CANDYLAND
CHESS	CHUTES & ladders
SCRABBLE	OPERATION
RISK	SORRY
CLUE	SEQUENCE
TICKET TO RIDE	TWISTER
CHECKERS	QWIRKLE

```
X  J  G  A  P  P  F  Z  R  P  S  Y  T  S  R
M  S  Z  T  W  I  S  T  E  R  R  K  J  O  C
V  O  S  S  E  H  C  T  Z  B  E  R  A  R  O
S  Y  N  V  C  D  N  I  W  U  K  P  F  R  I
C  C  C  O  V  Z  O  C  R  I  C  Y  D  Y  E
R  W  H  X  P  O  I  K  J  M  S  Y  X  L  N
A  P  F  E  F  O  T  E  S  V  H  T  I  O  A
B  N  E  R  C  M  A  T  Z  Q  C  U  E  P  D
B  U  L  J  I  K  R  T  K  Y  P  H  S  O  S
Y  Y  K  B  V  S  E  O  R  O  M  N  U  N  C
R  E  R  O  C  O  P  R  A  T  I  O  N  O  L
Y  X  I  V  E  L  O  I  S  K  S  I  R  M  U
U  W  W  T  C  H  U  D  E  S  G  I  N  W  T
P  F  Q  P  O  Y  A  E  L  B  B  A  R  C  S
W  P  Z  K  U  U  K  S  E  T  U  H  C  A  D
```

BEING PROUD OF YOURSELF

BEING PROUD OF YOURSELF AFTER ACHIEVING SOMETHING IS AN AMAZING FEELING.
HAVE YOU EVER FELT PROUD AFTER DOING THESE THINGS?

WORD LIST

1. TRYING your best
2. WINNING a game
3. Do well on a TEST
4. Do something NICE for someone else
5. PRACTICING something you like to do
6. WORKING hard on a project
7. ENCOURAGE others to do their best
8. When you make a new FRIEND
9. When you do something NEW
10. You LEARN a new skill
11. FINISH what you've been working on
12. When you do something DIFFICULT

```
H G U W C N T H D F E R B R W
F N Y N A X N O I T I C C V O
M I E R L O E N B L F K I H R
O C I W P Q I D U U N G Q M K
B I N I H S R N A C N N T J E
Z T N N H W F E U I K I E G R
E C I N V N G I K F E C S N N
V A W I L F M R X F B I T I H
V R O N P T O F L I R T K Y X
W P T G Z W R E I D I I P R V
H E R L Y R A M D N Q C E T O
S A Y S T R C I F F I A U N Y
R D I H N F Y N C Q R S G K L
A E N C O U R A G E V I S S Z
D I F F I C E A X N N U S E J
```

FANCY
NANCY

NANCY CLANCY ENJOYS THINGS THAT ARE FANCY AND FRENCH!
CAN YOU FIND THESE WORDS, S'IL VOUS PLAIT?

WORD LIST

TEA PARTY	Le Café PARFAIT
NANCY	MAILMAN Gus
BONJOUR	FAUX PAS
JOJO	PET PSYCHIC
Sacre Bleu FONDUE	BRIGITTE
Mrs. DEVINE	MADAME Lucille

```
L E H X F Y V P E M A D A M E
R M A I L M A N A V T P D Y E
J N E B O N J O U R E F E C H
A X A J I G L Q Y T F I T N C
E U D N O F N K P O A A T A C
T A E G C J Z S R J U X I N M
E F G X S V Y W U O X G G T R
A P K Q F C E P C J P T I A H
P R V D H N J T E M P A R T Y
A P D I I D W R I A A J B S K
R W C V N M J L A E S G J U M
T T I O P I T P S T C H O C V
Y D F A U X P A S E V D J X G
Q A L T W D C I V Y L L E M B
Y T W A P H L X D O X R E S J
```

ANSWERS ON PAGE 117

MUSCLE MEMORY

EXERCISING IS THE HOW YOU STAY HEALTHY, AND IT CAN BE A LOT OF FUN!
TRY OUT THESE EXERCISES, AND IF YOU KEEP PRACTICING, YOU WILL GET BETTER AND BETTER.

```
G N M S V S A E Q L G V O N J
N I F T R O P S A U N R O P R
R C Y G T S G L G N I P M U J
K T C T U B E N O G N L X Q X
B B P F I Y A E Y E N U Q U H
I N C H W O R M P S U N B C B
G T T P O G A C S R R G T Z L
M N V M W Q M U U Q U E C B A
P A I T H B U R P E R B R X N
U W A K C R W A S T U Q U E K
S U I N N K S E S F K F N J I
H W F H I A Q U L W D F C W N
U T U T V A L F J U M P H N G
P L A N K N W P N H C X Q L Q
S Q X C R U N C H E S V H I L
```

MATH
CLUB

LEARNING MATH IS AN ESSENTIAL PART OF SCHOOL AND LIFE.

FIND THE MATH TERMS IN THE PUZZLE BELOW, THEN GO DO A SUDOKU!

WORD LIST

DIVIDE	ANGLES
ADD	GEOMETRY
MULTIPLY	EQUATION
SUBTRACT	PEMDAS
VARIABLE	DECIMAL
PARALLEL	FACTOR

```
C Y M A A N G E L S Z U Z M Y
B Z U I S U X Y D E C I M L Y
S J L K D E L L A R A P P E J
E X T T C A R T B U S I Q L R
L U I R J H Y N W B T X Z L A
G R P E M D A P B L C A Y A E
N O I T A U Q E U P E M D R P
A G Y G Q Y I M O D A Z I A P
E C R P Z R E D V D L Q V P S
O D O V B T K A F A D O I E O
R K T C I E B S M O L A D X X
G D C H P M Z I K J Y L E X N
G C A D W O C E L B A I R A V
U A F A F E O L E M I C E D R
H P E S D G A E Z C G H V F U
```

ANSWERS ON PAGE 118

CLASSIC CARTOONS

CARTOONS HAVE BEEN AROUND FOR OVER ONE HUNDRED YEARS!

CAN YOU FIND THESE POPULAR OLDER CARTOONS BELOW? HAVE YOU SEEN THEM? WE BET YOUR PARENTS HAVE!

WORD LIST

the FLINTSTONES

SUPERFRIENDS

the JETSONS

LOONEY TUNES

WACKY races

johnny QUEST

MIGHTY MOUSE

hong kong PHOOEY

UNDERDOG

VOLTRON

THUNDERCATS

TOM AND JERRY

```
S J C U B P V P H O O E Y X A
Y U Z Z G Z M N O R T L O V Y
L N P I O I S L O O N E Y P R
D D R E G D T S G Q H D S N R
A E Q H R Q A E S T P I E X E
F R T X D F C I K A R H N N J
L Y S X U I R H J V E V O W D
A O N L N L E I R V O L T O N
J Z O G D B D Y E S Z F S J A
E E S N E X D K N G I T E M
D O T Y R E U Q V C D I N T O
W M E S D T H G I M A S I S T
D C J B O N T S E U Q W L O P
P C T V G N T J F U F I F M W
G A O C T H U N D E R C A S S
```

SHIFTING
GEARS

YOUR PARENTS USE CARS TO GO TO WORK,
TAKE YOU PLACES, AND RUN ERRANDS,
BUT OTHER CARS ARE JUST FOR RACING!
CAN YOU FIND THESE KEY CAR TERMS?

WORD LIST

BRAKES	HATCHBACK
ENGINE	SEDAN
GASOLINE	REARVIEW mirror
HEADLIGHTS	NASCAR
PAINT JOB	
turn SIGNALS	FORMULA ONE
	RACETRACK

```
E  S  W  O  W  S  K  A  E  R  B  P  H  E  G
N  I  J  E  E  N  O  A  L  U  M  R  O  F  A
G  P  A  I  N  T  J  S  E  V  E  Z  A  N  S
I  K  O  R  J  G  Q  I  V  L  D  O  P  K  O
Q  H  E  A  D  L  I  G  H  T  E  X  M  R  L
F  E  Z  J  X  Y  K  N  F  G  U  K  Z  E  I
S  T  H  G  I  L  D  A  E  H  Q  K  A  A  N
B  I  J  C  Q  Z  R  L  U  A  X  J  N  R  E
O  L  A  N  E  P  A  I  N  T  J  O  B  Y  B
G  O  R  A  C  E  T  R  A  C  K  H  W  I  Z
T  S  Q  D  E  U  N  A  D  H  S  D  U  E  G
N  A  Q  E  S  E  K  A  R  B  I  S  O  W  O
I  G  H  S  A  F  S  S  L  A  N  G  I  S  O
A  L  I  F  C  A  N  A  S  C  A  R  U  X  M
P  L  L  H  F  K  W  L  D  K  A  S  C  A  R
```

NAUTICAL NONSENSE

ARE YOU READY, KIDS? WHO LIVES IN A
PINEAPPLE UNDER THE SEA?
WELL, SPONGEBOB SQUAREPANTS, OF COURSE!
YOU CAN ALSO FIND THESE OTHER THINGS AND
PEOPLE IN BIKINI BOTTOM!

WORD LIST

PATRICK

SANDY

KRUSTY
krab

PLANKTON

SQUIDWARD

LARRY

MR. KRABS

the CHUM
BUCKET

the flying
DUTCHMAN

GARY

KAREN

MERMAID
MAN

RIPPED PANTS

```
H N O T K N A L P R S G W Z Z
K M E R M A D E M A N Y C V Y
M R O O G M H K M E D C V I D
T E U A B T O Z L N K C V T V
X U R S E B D R A W D I U Q S
M Y Z M T M M S Y I L G L I B
R X D P A Y D U T C H M A N A
A C N X T I K C U B M U H C R
W L A R R Y D P V L Z Z N A K
D G S C C H U M B U C K E T R
I C A R E N C G A H V O R U M
U R I P P E D P A N T S A J S
Q X B I O D P A T R I C K N C
S K R U S T T M H W A U I B M
R L P L X J A U X K P D F U H
```

CHALLENGING WORDS

SOME WORDS CAN BE REALLY HARD TO PRONOUNCE WHEN YOU FIRST LOOK AT THEM. FIND THE WORDS BELOW AND SEE IF YOU CAN PRONOUNCE THEM ON THE FIRST TRY!

WORD LIST

ACOUSTIC	ASTERISK
WORCESTERSHIRE	FEBRUARY
CHOIR	MISCHIEVOUS
ANEMONE	EPITOME
COLONEL	FORTE
ANTARCTIC	SHERBET

```
E  P  I  T  O  N  E  G  G  N  T  S  P  F  F
U  O  Z  H  E  J  I  B  E  F  L  H  L  W  A
C  O  L  O  N  E  L  B  E  C  O  E  O  O  X
I  V  S  B  K  C  R  J  I  H  V  R  W  R  C
T  N  U  U  I  E  W  Q  G  O  C  B  T  C  S
C  Q  O  A  H  N  M  O  Y  E  H  E  A  E  Y
R  H  V  S  S  X  K  U  S  R  O  T  N  S  F
A  R  E  T  K  T  S  T  E  D  I  H  E  T  Y
T  U  I  H  R  H  E  D  J  F  R  C  M  E  T
N  L  H  Z  Z  R  Y  R  F  S  J  S  O  R  R
A  N  C  W  S  C  N  A  I  M  R  I  N  S  O
K  I  S  H  H  T  U  C  V  S  O  M  E  H  F
P  C  I  T  S  U  O  C  A  C  K  E  B  I  Y
F  R  M  Y  R  A  U  R  B  E  F  K  U  R  Z
E  P  I  T  O  M  E  N  A  V  C  B  I  T  E
```

ANSWERS ON PAGE 119

ANIMATED!

THE WHOLE FAMILY CAN HAVE FUN WATCHING
A GOOD ANIMATED MOVIE!
FIND SOME NEWER AND OLDER ONES BELOW.

WORD LIST

1. the **ISLE OF DOGS**
2. into the **SPIDER-VERSE**
3. **KUBO** and the two strings
4. how to train your **DRAGON**
5. **FANTASIA**
6. fantastic **MR. FOX**
7. **SHAUN** the Sheep
8. the **NIGHTMARE** before christmas
9. **PINOCCHIO**
10. **ALADDIN**
11. the **IRON GIANT**
12. **CINDERELLA**

```
D T S D Y M F A N T A S I A E
P V S S P I D E R V E R O N E
L I K P H P I N O C C H I O S
T T N A I G N O R I R G I H R
A D N O G A R D A W H U S F E
I L I I C N E S R T R L L I V
S W L I G S U R M A C J E R R
L X O E M H H A L I G M O D E
E W O P R R R A U R E O F U D
O K B F J E D M U O E D D W I
F I U C R D D G A N R F O X P
D O K S I M U N F R K J G R S
O Z R N W D X B I I E H S L P
U H M D R A G G O C D C K S C
G P I N O C C I O T V Y J N O
```

CLASSIC BOOKS

SOME BOOKS STAY AROUND FOREVER, THEIR STORIES NEVER GOING AWAY. DO YOU KNOW ANY OF THESE CLASSICS?

WORD LIST

a christmas **CAROL**
pride and **PREJUDICE**
JANE EYRE
DRACULA
TREASURE island
the wonderful **WIZARD OF OZ**
of **MICE** and men
the great **GATSBY**
the **ODYSSEY**
the **TIME MACHINE**
the **SECRET GARDEN**
the **OUTSIDERS**

```
J A N E Y R E K O V J T L M V
W I Z A R D O F U T A S I O X
S D M F U H D R T I N S R C S
B E R O T H K U S M E T R D A
Q R C A M O L U I E E R A W Q
C Y U J C I B P D M R E C Q Z
W E F N X U C R E A Y A R D O
N E D R A G T E R C E S M R F
F N B F A U F J S H A U K A O
P A D T E A Y U N I J R G C D
J J S O Y W P D P N U N O U R
T B E U C Z Y I M E T K R L A
Y R Z T E L U C A R D C W A Z
T R E A S U R E U V J W X N I
Y R T S M P R E J U D I N E W
```

GET YOUR GROOVE ON

DANCING IS A GOOD WAY TO BE ACTIVE AND
HAVE FUN AT THE SAME TIME!
DO YOU KNOW ALL OF THESE DANCES?

WORD LIST

FLOSSING	ELECTRO shuffle
SHIGGY	the CARLTON
SHOOT	SWIPE it
MILLY ROCK	ORANGE justice
best MATES	REESE HOP
TURK'S dance	DIP

```
A E G G N I S S O L F P E K S
U L W F M H K P C W Y Y V E W
X E Y Z I Y C O O R A N G E I
A C N G W P O H V S N D I P P
Z T G Q P O R D E Y W P W B M
C R K O H H Y B J T O I B N D
A A Q S U E L Y G E O A P I J
R V R D F S L R G E L O N E O
L X N L H E I O L G O W H Y E
T F B R T E M E P X I N T S U
O R A N G R C G L Q L H F K L
N H U S E T A M D Y B N S R A
R G Z M R F C X H X P A V U I
M F V O B P T V N A R M E T A
F A D D K B M R I F V B X C F
```

HEROES OF HISTORY

THROUGHOUT HISTORY THERE WERE PEOPLE WHO STRIVED TO MAKE THE WORLD A BETTER PLACE FOR OTHERS, AND DO THINGS NO ONE ELSE HAD DONE. IF THERE'S ANYONE HERE YOU DON'T KNOW, GO LOOK THEM UP!

WORD LIST

abraham LINCOLN	jackie ROBINSON
martin luther KING JR.	amelia EARHART
	nellie BLY
neil ARMSTRONG	upton SINCLAIR
rosa PARKS	harriet TUBMAN
elizabeth cady STANTON	nelson MANDELA
jonas SALK	mahatma GANDHI

```
F G I Q V X I T U B M I N S M
K I N G R P A R K R O O S T P
S A A O A A O Q E I S M Y A K
I T L I R N Y X I N K S N I
N B A E R T D U I H V G N T N
C N W K D V S B N P D O J S G
L L I R O N O M A L F N T R X
A E R A C R A R R D O A A K M
I S A H A K K M S A N C L G W
R T R R V S D H Q T P A N K D
F A M A H Q P C O C S B X I M
R L S E L A L N X I E E Y A L
V K T K O R R B G U Y L D D N
J J N A M B U T Z M B Y I W H
Y K Z B C M A S D O S D C O Y
```

ANSWERS ON PAGE 120

DINOSAURS

MILLIONS OF YEARS AGO, LONG BEFORE HUMANS WERE AROUND, DINOSAURS ROAMED THE EARTH!

DO YOU KNOW THESE COOL DINO FACTS?

WORD LIST

1. The word dinosaur means terrifying **LIZARD**
2. Dinosaurs laid **EGGS**
3. Dinosaurs were **REPTILES**
4. Now, dinos are **EXTINCT**,
5. And we find them as **FOSSILS**
6. Which are traces of their **BONES** in the ground.
7. The Velociraptor was one of the **FASTEST** dinos
8. A dino that ate meat was a **CARNIVORE**
9. If it ate plants it was an **HERBIVORE**
10. They lived during the **MESOZOIC** era.
11. Some dinos had very sharp **CLAWS** and teeth, and many had thick **ARMOR**.

```
C M V F J L I O G C V G Q R O
H E R B I V O S E L I T P E R
K V S Z Z E R O V I N R A C I
S W A E X T I N G T E F S K B
M M Z A G T H T I J O O H B R
D R E E F G H E R B I V O R E
F R G S X Y F A S T E N T N P
D G O T O T A I K R E L D L T
S L V V U Z I R S S S Q R A I
V A H J I S O N M C B W G G E
N V X R V N R I C O Q N A T L
S B D H N N R N C T R S N L S
S L I S S O F A S T E S T P C
L L Q O E D I D C C H Q U Z D
V E U R H A K H L I Z A R D S
```

ANSWERS

PAGE 8

```
S S I N G I N G G B
U M L S I C U M A A
R I U C C A M U M L
P R E S E N T S E L
R A G M C D R I S O
I W A U R L C C I O
S E M S E E E A X N
C A K I A S K B K S
H J F A M I L Y V E
R U S U R P R I S E
```

PAGE 9

```
H N S F O L D E R L
B N G N O T E B C H
T A O L U N C H R E
S J C T U Q V H A R
A C H K E E U Z Y A
R R D Y P B X A O S
U A M V E A O W N E
L Y L C N R C O S R
E N G X S Y B K K J
R M P E N C I L Y E
```

PAGE 10

```
A U F R I E N D S Y
C Y N M Y O G I J O
C Y L I B A S F A S
E F O I Q A T F C P
S R R N K U R E C E
T E M H B E E R E C
R I S P Y C S E P I
O N H A A O S N T A
N D L I K E U T M L
G S G T A L E N T S
```

PAGE 11

```
L A B A T G C S C B
M S Q I S I T H Y A
A I U U R R H A B T
R R F P A O O Z O G
V O V A E M N A R I
E N W N S R A M G R
L M Q T Z A G N A L
M A F H V H O I R N
T S H E H U L K R D
S H A R S T H O R L
```

ANSWERS

PAGE 12

```
C P A T I E N T D L
D A X O G E N T L E
R J L S E F E E I C
E F U N N Y A L Z R
L C C R E A T I V E
I N K T R A I B L L
A E I U O C A L M I
B A N X U P U E U A
L M D F S M A R T C
E C Z S M A R D U J
```

PAGE 13

```
W E D G E Z C T R S
G E P G E O R G E N
E H D O O Y N H L A
O A K G O S N A P H
T R S G I P O O P Y
G O B O X E R Q A P
S L I P R A N K S N
N D H L K R U P P O
H B O X E B Q B G X
H Y P N S T N F F X
```

PAGE 14

```
X P T W E N T Y U E
B S W H J Q N W I I
C E I E R X I R E G
N V D I T E N T W A
I E Q G H C E H V N
N N V H I G T S I X
E N I T R T E E Y S
O C V N T W E L V E
U X R O Y O N R U V
W Z D X P F A A Y E
```

PAGE 15

```
U C B A N A N A M A
K H H P E C A N I H
C E C O F F E E N G
C A R O C X V M T D
V H R C O O K I E C
M A E A M K L N H O
A J N R M I I A P R
N A U I R E N S T N
G C O R L Y L V W E
O N K V A N I L L A
```

99

ANSWERS

PAGE 16

```
F B M N S I S T G L
Y M R P A R E N T S
C B G O C O D J G P
O R U L T W O S U G
A O I I E H C I I R
C T D C A T T S D A
H H A E C E O T A N
P E N D H O R E N D
G R A N E B A R C X
I X F I R E U C E L
```

PAGE 17

```
C A R D S W M W P Z
I L S N A C K S A C
P T O L A M I T J L
X A P I L L O W A O
B B R U S H H E M T
O I A O W N N O A H
A D J G A V A R S K
R E A S T O R I E S
D A C L O T H E S W
I S W Y A O X S V F
```

PAGE 18

```
T S H R I M P P L T
Z O G A R O K I C Y
B M F S I N T C H O
G S U P T I O K E N
A H P A O O F L E I
R F G R F P U E S O
L I R A O S C S E N
I S L G R U B O X S
C H E U S L T N R X
E G G S L L I S N N
```

PAGE 19

```
M O U S E O C A P D
G U I N E P A H W O
L H A M S T E R I M
E O G F I S H A G F
B U F E R R E T U Q
I I E W S M H K A H
R X R R N B U N N Y
E O G D A R V C A T
B P X I K I G U A N
G U I N E A P I G M
```

ANSWERS

PAGE 20

```
Y W A V E S F U M Y K I
M M N B T I C K L E S P
M O O H O E H B A P E A
U N N N I J E O P O L L
G C A K K E E O S R K E
F Y O C E E T G T K C C
L O K D H Y Y I J C I H
B U L L D O Z E R H P E
H A A M R Q W K E O N E
I G U M M E R Z N P V T
X L E J M N A C H E P A
F V E L V F R Z H K G H
```

PAGE 21

```
R H C J R E L Y P C
S F T O L R G E P O
T T O O N L E A R N
R W R L G T R U S T
E I U E L E R U T R
N N Y L N O T O R O
L N L Y X G W E H L
C E E V T S T R E S
C R A R E F Y H K R
Z I R D S T R E S S
```

PAGE 22

```
P A Z E E J I T Z C K F
N E Y Q P L F Q U H B S
X G P L I M O A J E F H
G A S P N P E P P E R S
B S E H E U H F E S S E
N U V D A R V E G E P M
V A I N P M O P L E I E
J S L Q P M L N Y B N A
V S O I L Q K O I L A T
N E H X E P C C M E C B
O V M E A T B A L L H A
C I W S Q I P B T U N L
```

PAGE 23

```
B F Z B E A S T S D
E T R O L L S L M R
A Q A O O H E E A A
S W L E G T V G L G
S M A L L F O O T O
M F R O Z E N P I B
U C S M U R F S I E
G R I N C H E A Q A
R A L P H W U K N S
U G D R A G O N K T
```

ANSWERS

PAGE 24

```
Y I J M U S Y C R S
I V A X U M L O T A
N F T S G S P M F M
T A H A P A I P R I
R V P M L S A L I N
O O F E A K E I E V
D R V A Y Y W M N I
U I I N V I T E D T
C T A L C O U N S A
E E M U S I C T W T
```

PAGE 25

```
T C T D M B H R O D
U I S U Q M M S C P
N P W G N M A P T D
K T O O S A N I O O
P S R N T H T D P L
W P D G U H A E U P
H I F G R Y L R S H
A D I G T O G U K I
L E S U L D U G O N
E L H E E T Y K X Z
```

PAGE 26

```
R S R L J V B L H C
S A N Y E S U E I S
N T Y O B U R A D T
O A A P W U S V E A
G G H R H M G E C R
A A Q B G I A S S G
R R N D I A K N L F
D D N E E K Z E D B
L E A V E M E E N U
S N O F I S H I N G
```

PAGE 27

```
B S C C M S K U N O
E E Q O O O Q N R P
A B A U U Y O P A O
V E E V I G O S C S
E A G L E R A T E C
L V W X P R R K E O
O P O S S U M E U U
S R S K U N K E L G
K O G R I Z Z L Y A
R A C C O O N K I R
```

PAGE 28

```
H U N G R C H I C K
O P E T E U C G N E
N W I L D R V O A K
M A D E L I N E O B
O Q T C O O K I E K
O M K E R U L Z U G
L O R A X S C O C M
V O C H I C K A R F
L N L V H U N G R Y
G I V I N G S R A X
```

PAGE 29

```
D M S G E O M E T R Y X
H F U Y Y A E W S H T Y
X I H S H T L A E H S H
A Q S C I E K V L I B P
R L P T W C A T A S U A
B T G V O S J L N U G R
E W R I T I N G G M N G
G R A T B W H J U H G O
L O M N Z R V V A L E E
A E M U S I A S G A N G
G R A M M E R H E R U A
K Y R O Y S I H W T N E
```

PAGE 30

```
B P D F P I L O T S
A I O I R O Z J P C
S L C R E D L F G H
T O T E S N E I X E
R D O C I D U R C F
O Z R T D A F R G E
N S C I E N T I S T
A J D A N C E R O E
U G A S T R O N T S
T H A C R L N E Z F
```

PAGE 31

```
G R A G R A M M Y F
I M U S I K E D T B
Y M C S J S T A R E
F U S H N F A N T A
D S I B E A T C O N
S I N G L E B E U Z
Y C G U R K R R R V
R E I J D A U S R N
F A N S T A G E L N
P I G Q A E M E Q Z
```

ANSWERS

PAGE 32

```
B C E L E R Y A H S
D A J A O A O L P U
T R G W G I G M A A
R R R L U S U O P C
A O A C R I R N P E
I T N I T N T D L L
S S O H L D N R E E
I P L A L M O N D S
N S A S T R I N G Y
S A U C E X I X V Z
```

PAGE 33

```
S E U J U N G L E I
H E S G S W I N G S
R W E A S L I D E S
O O M O N K E Y R E
C G U E U D X E L E
K T Z N D E B V N S
J U N G D P M O W A
X B V I E A J N X W
N E L E T P B F E B
R O U N D A B O U T
```

PAGE 34

```
A C U C K A P U T Q
P S C O F F L A W R
D L A I H D O U T C
K C H X O O P D Q A
G U O D O O D A D H
I C O O P D O I S O
Z K T U L A G M N O
M O S E A R W I A P
O O B L U B B E R L
E A R W I G Z C F G
```

PAGE 35

```
S P A C F D H K S W
H P I B M U A M L P
S A L R E M U A I I
P E U A A B N N N P
A O V N S O T I K I
C R A E D H E A Y R
E L W O R L D A Y A
L N S K M E T I K T
P S L U N K S P N E
W E V E R R S T W S
```

ANSWERS

PAGE 36

```
T D S T A G R E C D
S C O S T U M E O I
T P P R O P S D S R
A C O S T U M A T E
G U R T A L E N T C
E P Z K L O L C A T
C U R T A I N E L O
S A C T I N G S O R
S P O T L I G H N X
D A N S C R I P T F
```

PAGE 37

```
T G U M B W V O G W
M W N L M R E H U E
C F I N I A S B M B
B H V L P N B T B Z
W R E M I F C E A Y
E O R R T G I O L R
B B V F A V H N L C
B I E H E R T T N N
U N I V E R S E R A
L L E O N A R D O K
```

PAGE 38

```
S W M E R H S A P G N A
G S A L A A H O L A T C
U U H P Q G A E C O A O
T V T A M A L L L N N G
E B R E L I O B O O A U
N B O N J O U R S H M T
T A G N N A M A A Z A E
V L H S J C B C L H S N
U O M E R H A B A Y T T
F H S H L X C I A O E A
C H E L L O U F M Y Q G
O N H O U N A L O H E T
```

PAGE 39

```
P H H K I R T G R O U P
A P O T E A S I N G G G
T T Z E J F S T O P V X
R O S A T O R J Z A B K
K R T C Q F D I I R C V
I L I H W G R N E E K M
L Z A E E A N I H N I Z
X V H R M R L T E T D B
T L W S R D S K X S S S
C K H U R T I N G M D D
T H R E A T E N I N G S
U L P B A L U T E A C H
```

ANSWERS

PAGE 40

```
A K H K S N O R L A Q M
P S Y D U K E B U P S I
I B E W E A T E N S Q M
K X I G L P N W A Y U I
A C H A R I Z A R D I S
C M V P G K T Z A U R N
H I A R I A G T M C T O
A M E P A C S M E K L R
R I N E N H R V X N E L
I K A U V U L U N A L A
Z Y M I M E L T A N J X
A U J C T B E W E A R B
```

PAGE 41

```
G A V D D E P D S X F A
M P O N G G A M E S U G
Y I S W I M M I A E M U
R C S A S F S O G A B L
U N M U N U A H U G R L
P I S U N D N I E U E D
O C E A N B C B E L L S
S N Q E G I U A U L L Z
A I P F A W E R S R A S
N S W I M M I N G T N K
D R B Q E T T O W E L S
Y L U M O S H O Q V M E
```

PAGE 42

```
D D E D U L C X E P C I
U R C Z A D Q F X R O V
X E M O C L E W N E V Y
T H Y I M J A G R V P H
B T C M A P W V A E T Q
L O N E L Y A V E N W O
A E F A M G R S L T E J
A W A R M K E I S T L X
G V Y R I O C Y X I C E
X E S D N E I R F M O F
L G D D B R N E U G M N
S E L F I S H D A Y A Z
```

PAGE 43

```
U R P M I Z N F P T E V
S P O R P C D K I T C J
U H U A H E E E C A M F
H X T C D P H C N G I E
R P S I A T O G I V C L
P F I N Z M R O C A E W
B R D C A A P I L C C Y
M I E W A T E R P A R K
G E K B I K I S K T E P
L N S E V A C A T I A C
R D J A S R L S V O M Z
S S P O R T S G G N X D
```

ANSWERS

PAGE 44

```
F S X D T K T O W E R D
S U N B L O C K M G A E
M N H K Z C W X Z R N K
S G G O G G L E S C O N
C L Z C H U G O L F O M
S A X K V I P Z T I D T
A S S N A C K S L H L C
N S S U N G L A S S E S
D I P S N U B Y E G N S
A O B O X B P A Q I X T
L D W X I S O A K E R G
S W I M S U I T T S Z V
```

PAGE 45

```
M O V A R J T C O M E P
S T E R O X D J F M A K
E K N S Y M V U U A R V
I B U A S U L P Q Y T N
S A S T E R O I D S M E
V E N U W S B T D U B P
A T M R N L U E T Z B T
A M E N E P T R A W X U
J A P I T E O Z E R F N
U R A N U S Y P X U T E
B S G E M E R C U R Y H
O M A R N C O M E T S M
```

PAGE 46

```
T L Y N Q H T V I O L G
T R O M B O N E C O A Q
U R I D T R U M P E T W
B C R R G H G T U N A S
D L H U T U U S S I M A
O A D M T U I R A I B X
V R P S I F B T X H O A
P I C C O L O A A D U P
R N O Q C U Z T P R R H
V E C L A R I N H U I O
S T S Q I F L U T E N N
X T R I A N G L E V E E
```

PAGE 47

```
Q V J D A N G B M Z I L
X A K M O D E L E E O A
Q R P A E F U A A F A A
S O L D P A V L V W K N
P P N U A Z M C O W A P
C R Z L D N S I O P T Y
T E D T S L G O F O E M
N S A T E T K E C N L O
Z S U X M L K E R I L D
M U D Z S M H T A O A E
W R O N G N O C S V U L
H E T U Z C V Z T I Y S
```

ANSWERS

PAGE 48

```
H B L M S A M I I M J Y
O W O C K N T N K I X E
R T R G E Y E R T L E R
T T A Z R S U E X O S T
C H P H L I W F C R A L
S I H A C I N D Y A M O
M N N O A P M C Z X I S
C G E D R W U Z H E A A
G S N E E T C H E S N M
R I C R E W O C K E T I
I M C G U R K N R R A A
G R I N T H E N G L E M
```

PAGE 49

```
T I S P N O T C H C P P
E V T I R F E T E T T E
L I R N R G L M A G A O
E S E V A S E Y R W N S
P I N I N P P S I E I O
O N G S I E A T N N M S
R E T I M E T R A V E L
T Z H B A D H E A M L F
I N V L L T Y N A I S O
N D S E S F L Y I N G O
G V I S I O N U T D X J
H E A R I N G V B N Z U
```

PAGE 50

```
C I C O R I C E C A Z K
V H G U M D R O P D L D
L L O L L I P O P C I S
V W C C T T O F F A C F
C H O C O L A T E E O U
W A T S F L F F C Y R G
J V T A F I A I F T I Z
E F O A E V U T R Y C G
L Z N S E C A R A M E L
L I C O R I H E B V P X
Y G U M M I E S I G U M
R H P F R U I T M G A T
```

PAGE 51

```
G K B C R I C K E T T V
V G F A R O O U H M B D
O H F L S I B A O U A O
L S O A A K C H C G L U
L O O C N C E K K G L B
E F T R K P R T E L Z L
Y T B O R E O O B E R E
B B A S E B A L L A E S
A A L S L D P B O B L Q
L L L E A I O S A A A L
L L W B A L L V N L Y Z
H O C K E Y Y F N L L Q
```

ANSWERS

PAGE 52

```
B S B M O T C E R E A L
W A A I I R O J U I C E
P D C U S L G A U P H O
X A O V S A K P S I X A
O W N U E A U D I Z C T
W A I C G G G S X Z U M
A F G A A H G E A W Z E
F F V H M K N C Z P C A
F W B A N E E U B I E L
L M C D T O A S T S R S
E G G S O A T M E I E S
S M Q E J U A G N G A U
```

PAGE 53

```
D G U X H K X W X V M S
B T R L A W K E X Z R W
E C S O B E D R O O M E
D L A H C T R A S H B P
W A L K L E A V E S N R
L W C A A R R B F R E T
T N D N U F L I E D V E
A K I V N S E N E I T G
B V S Q D W A E D S X T
L L H Z R E V A B L Q A
E P E F Y E E L D R M H
I Y S L X P S Q P C W A
```

PAGE 54

```
R E D D E R N R S R S R
C K A Y A K M O M U T D
S C C C S P R T O P E B
T Z P I T F M A P N P E
S L E V A T O T C B O E
T T J I T Y R O O E N P
S Z A C O Q A R U P N K
S L L T P L C K O M O P
A E A O S E E P E E P Y
S T E P P V C V R B E A
T F Z S O E A V E C T G
D L K P T R R W T L S W
```

PAGE 55

```
K G Z I O V E N M I T T
B P A M B M W E N M I T
I N G R E D I E N T S H
C A R T Y M S X I U P W
N O R E D I K N I S A H
T K L X C X J V Z N T I
N O A A A I D C O J U S
T N V L N N P R U S L K
Y Y E E A G T E F P A N
C O L A N D E R A O D B
W S R E C M P E Y O L V
M K L A D N E E O N E H
```

ANSWERS

PAGE 56

```
M O O N Q R C A S T L E
T R U C K S A G Q R U M
S S E C R E T I V U N O
U N K C B C R M N C I B
M I L Y Q R U O S B C I
O C Y B S E C O B L O L
B O B O M C O N P O R W
I I R R M L R B I L N W
L N S G O P J A O C L P
E T R O B O T S P A T A
B O A T I W F E K E V T
J E T P L A N E T R R L
```

PAGE 57

```
E U N I C F R M K F A K
C H U P A C A B R A D R
Y F K R A K E I A I R A
M Y N A Z B K D K R A C
E I E F E I E R E Y G K
R R S T B G R A A O O T
M Y S G I F I G F K B Y
A R I O G O P O G O E E
I U N I C O R N V P D N
D Q Q Y F T I T I O E B
C H U P A O P O G B N A
N E S S I E O F A I S G
```

PAGE 58

```
T C D F P Q U A D E K O
I K O M O D C B B M C R
G G T B M C A J O A O A
R T A I R A M C R C B N
E A P N G M C N A A R G
E P I A B E L A N Q A U
L O R I N L R E G U U T
E R P A N D H N U E W E
P E L E P H A N T B T N
H O L O R I S L A Y Q T
A S K O M O D O N B V R
N P A N D U E T N C E G
```

PAGE 59

```
A E K L E A V E R M S I
W C A L M V P C E O M W
F J E T O X A N A T A Q
N R A R T F R U C L R F
B N I T I E E T T O T A
W P H E O I N X Q N Q V
V M A I N E T T F S I O
M A R R S D S H I F R I
V R O O E A S T K O V D
H T E B P N F K I E N I
I E S M A R T E R O A N
J D X S N N A G X Z N G
```

ANSWERS

PAGE 60

```
S E E V L J A F Y V N B
V O S Z G X B M A E K L
G A C N Q G U O V X J U
O F H K U O N O W H E G
O H O A A L N S Y L W O
S A O X C E Y E A Z E L
E U L N K S O C K S M D
B O W L E M C K O U D Q
J E W E L Y F H X M O U
R Y A L G W O D O T S A
Q U A K C E K B U O T C
B U N T T Y H O N E N Y
```

PAGE 61

```
M S W K I C K Z B T L P
S Q W F R F F L A G S A
G U I S P U D J S L Q R
P A F R E E Z E K N U A
A R F D R A F E E V A C
R M L D U R A E T V R Q
A Q E L X C N F B B E O
C I L S L B K L A E W P
H J K I C K B A L L Q P
U H K T A Q D I L G D K
T F B N I K C U R U C F
E B H O W T U G N X H G
```

PAGE 62

```
I O A B L A N K E T S S
C V D A Y F S L E E P M
H S S C N M O V I E U Y
O G N O H Q V R Z C F H
C N V O M O N O T D B L
O U I K W L C H O C O L
L I B I R B H O W H O O
A N G E L S A F L M K P
T M S S E E G L Q A M N
F L E G V Z E H L X T O
D J X V L U P Z H K N E
M S W S L E D D I N G X
```

PAGE 63

```
B O T A N I C A L E M U
Z K L R Q O F Z E M A M
H D C I T Y H A L L B H
U I E S B G P A R K S I
M B S A Z R Y B O Z P S
D R R T Q F A R M A O T
O A F I O U G R I M A O
Y W B N U R A L Y U R R
H P L R L M Y R F S K I
D H N G Y H Z O I E Y C
A D P U F I R E R U D W
U X T Q I T A L Y M M O
```

ANSWERS

PAGE 64

```
F F E C K I N V E N T B
A D N Q O B J X K W A V
W O H E L P A R X O F J
O O G W Z C B K E R E N
N V R E E A V I E D A B
C A R D G R M E K S D U
E O G A S D U K R E I A
Y A J N M G Q B F A N J
D A X C Q A C J N R V V
R M B E T M C D E C E X
A R C Y O E G H W H L V
W W R I T E A F O R T H
```

PAGE 65

```
R B P C S C R A P B R E
H F W T G V P W I J L S
Z S A A O O K I C A Z C
B E A M T G N R C I P R
X M K S I C E Y N N I A
F M G T R L H T I J C P
Y K I O Y K Y T H F T C
T L P R A P Q T V E U O
F A M I L Y T R E E R O
Q T X E P I C N I C E K
Q B I S Q X S C H G S S
L K O O B P A R C S B A
```

PAGE 66

```
R Y F F S M O R E D C Q
Y A O G F M O D N M A W
E R I D A S O C B F M X
R P H N E M C R W L P Q
I S G U G Q E M E A F O
F G Y P B E E S U S I E
P U S X T C A G J H R B
M B D A Z M S R J L H V
A G I W F P B S H I L D
C N S L E E P I N G I O
V F L T E N T W I H G O
W O Y W M R C Y N T H F
```

PAGE 67

```
D S C N E W M O F R T I
I P O C M F W M J A C C
N N U S O P N S X T A X
O F G E N C Q E I A R Y
S E Y I S Z O Y M T S E
A B C J T O Y S T O R Y
U R U I E A B W L U E T
R A F G R I Y W A I Q V
W V I N S I D E N L E Y
X E K V W A L L E L L A
I N C R E D I B L E S Y
N C N E M A B R A V O N
```

ANSWERS

PAGE 68

```
G U L S J R U L C C B O V P G
U D B A U D E L A I R E L A K
Y S R E G N E V A M Y N N U A
W S N C X P Z E P D N D A V V
G R U K G E K E D E L L B Q E
D K H P Y T V C P C L I K L N
P V H Z E E I Z O I D K T Y G
N M D M A R I O T L A U Y A E
A I K B K P M G T A R L W V M
Q U B E O A Y A E P Y E I P A
Y G A O W N G A N D A L H C S
I T A M R E P U S T S V Q S H
A B M I S D T F L A D N A G E
V D B S T Q S Y V R E T T O P
B V B O N D R R O B B I N R L
```

PAGE 69

```
M Y F F Z A W J Z I O A C J O
O I F S A U R O N M L R N J C
R L I A V O I G P B A U E Y I
I U A W L H S G O I E N E P W
A L G N M O P T A C S C U U A
R R L O F O J P K E F H Q I M
T Z D U L V R E S W O B Y V L
E S W D B D K I C D Z U J O U
X C K O O H F D A T Y L X L T
V Q S X Q R C I R R H L Z D H
J H L H U Q I N N Q T A T E O
F F I R E H S S U G Z Y N M R
M V Z Q E U T E C R E H T O L
A H G J B U E D P B T R J R S
D P A W S L R Z R G D E X T K
```

PAGE 70

```
C Z E O F G O L D M F N H A I
V Y N C R I R H U D Y C V C C
J U O T O N I Z A Z U O K I C
M E T A M O R P H I C B B M Z
V Z S S E D I M E N T A R Y W
S I E A J N W Z E C J L Z E W
H J M G R E N O T S E M I L Y
R H Y M R G M E E E F V F C M
D L L Z M A R B L L E A M W I
N E S U O E N G I Z F M A H C
N A U S S K S I Q V J C R O I
K C L A Y Y H Q T U K Z B J P
U S W E J R A P Z E I A L U C
D R V V B H L S H A L E E E M
O S D X R X T W J T U P M Z E
```

PAGE 71

```
K R A V D R A A C C F I H H T
H O T J K D E A E H I Y Q S Y
Y O U Y T F N T N E E E E U E
E W C F F T E C I N X E B T L
N N C A E L P L A K B I T S E
G Z R L Q K A G E E U Q L A P
G I O W I X N L D P R D T D H
G P V Y H P G L L J H A U P A
E J C C N P I X D I J A T O N
Q T B H L W L V O Z R X N L T
W G O E H G I J B M E O E E Y
M U N E V N N P O B G C G T K
C Q O T C U P A N G O L I N R
J G B A T O K A O S M C J A S
G J A R G N O O B A B U L Q H
```

ANSWERS

PAGE 72

```
Q H Y S D B D W D O H D Q X D
P R O D U C T I N E U B V B A
S N Y N B V U X A T A E I R V
L T Q C C R R W T H Z V H E B
K F A A P V E J P R L I E A J
N R U N J D T A Y V N T V T K
Y S E O D K A N T Q L C N H M
E O X G Z P W D E H E U H E P
N U X P S U C O F S S D R J V
C R W A L K C D E S E O I D A
I G O O D N I G H T S R B E H
S J E O S E H S Q S B P P A Y
U L N H J B Z Q N P R K F N
M K D M C J E H P Y N N U F V
W A T U R G V C G M J S J B A
```

PAGE 73

```
F D H S H M A B K T K S E B A
D U A L P P A W Y N A Z P M S
B J G B M F B H K V P Y A A H
V W E O F Q C K X R D Z A N U
D P K L O S S T R A N G E A M
M C E T X F C P O L D E P P D
S D N I F I Y N X U E C A P R
Z B O R I N G P W C S L L T U
N E A M A Z I N G A U A C A M
X Z R C P W P E D T F B K U T
W W V R N B T L V C N W Q D S
L L Q I A C S F L E O Z F Y I
K R F C J Z P F E P C H T C E
E T T Z U B I A A S F N E A H
Y L W S S N U B N U J D J T Q
```

PAGE 74

```
S D R S C U M X Q B E S C N V
U I F C Z U Y W T D K H Y N T
P K H U S B T F Y R I L L Q N
A P Z Y M E S K J E T J L X E
B A I G Y W I V F N T O I R H
U C U Y S O T D Y L E E H R O
D W F T L R E B D I N K P Y N
D P K K L D A Y F U S E R T S
Y D F C O B D R D E B B E R F
I C G F R G A H B C R A I T L
X H J A L O H V R A U K P H E
P I W L L N S V W T U U H U E
I L W S A E L F D K L U X T S
O F C W B S E I T T I K U K G
E U S I T M X E R C A T K I D
```

PAGE 75

```
O L M K G W U I F D E L Y F F
N I I A R P A P F V A F J E M
T R S O F C T P X M O G N H U
L E S P A N J I M M Y W E D S
Y W I R W V N S U W Q Q I O H
T R S B E V E S W G Y Q T J R
A O I O G F H I P D H R H H O
W G P Z N R W S H T T A E P R
N T P T O G F S O F W J R H U
F E I O P P J I N Y T C C O U
L P V W S W G M O G A N O N E
P Q A E H D N I X R K B J E I
X N H L S M O O R H S U M G X
C L D U F B W O A I G O L G C
X D Z Z V D T Q L O W I N C O
```

ANSWERS

PAGE 76

```
U J J X E L T A L E S U H L F
W G J A O D D I F M U T A N T
Z P R D I N U N T Q P B F A A
I Y L A Y N A O T A O S G Y N
V J P A V R A T L U N F N D G
Z J E R D I D V I F Y S I U L
W D P F E V T P L T Y W Z Y V
X Z P T V B E X N Y R T A T J
E W A T F E E N F W S A M I S
T A N G L E T L T A Q N A V X
U T G C Z O U Z S U N G A A X
E C B B D M L R T I R L R R G
G T R A N S Y L V A N E T G T
W Q Y P F B C O X K N D U O L
T L R C W H Y L X F D Z F K T
```

PAGE 77

```
L S J O A P P R E C I A T E E
P O L I T C F O E D Y Y E J W
S Q Q T B O P W T H I N K O Y
Y R R C R C W B L E R Y F J K
S U E G Z E N E H E F F M N D
E B I S E M A T W M I A Z A A
L V P X P R T T K H C P E D Y
E M P P N E P E K M Q P R R S
C Q A Q V D C R P J T F Y A B
E B H N E I Z T L U F P L E H
N T I C Q P G A F A U K W L O
T S E N O H B R I U O K B I N
E E H M V D T U O K L V F G E
R D E R E T N E C F L E S J S
Y N P O L I T E G I C G N R P
```

PAGE 78

```
R R A S I R Y P A P W R T D Q
N I T I T R E F E N O J U O Q
Y X N K U S U R Y P A P T K H
D M S P I U W Y S T D V A P E
G X C P H G W J I K T I N D Z
I S A U F A V F R W S H K N A
G D R Z Y H R S I Q Q L H V O
R I A A S P Y A S N Q S A I Y
T M B Z P O W W O R Q O M E Y
V A F Y H C N K D H I S U H O
P R M Q I R U O V U M S N W R
K Y F R N A E L I N E K O Q T
F P U K X S O W T X A A N K L
J T U T E N K A M E N G J U N
W X T B S E B E H T D Q X D U
```

PAGE 79

```
Q D I O R D Y R F V C R M K L
K T R L E G Y E D V C V C E I
J K E O P P D E D E J T W Q G
X B R U O C S I X A J H V R H
I D E J O N R K S H R F Q K T
E A B D R P E O Y S B T E X S
G R A N T R D O X W I N G C A
A T S O M V R W B T A D O Y B
E H T C R O E O V F E L R R R
Z Q H L O Y H G F N G K K O K
Y N G A T B F O R C E E D E W
A O I F S J R A G I V R B J R
D H L O M S E L L N W R L O D
Q P S A U E N D F A Q X U X O
N E R F H E F O R C K G N J R
```

ANSWERS

PAGE 80

```
F N M W C S A P L A I N R R T
P L F D H L W M C B W R O L J
N R O C T E G E A X E W O S P
E I R W A V T G E P A L F U M
B P O R E I I H E T T K M I G
W O O A I R W A E S H T A T A
V T T N Q E T U O R E R I E H
M R I W N E F B L I R F D X W
C W U D N U U E S F T U O R H
F E C A E P S X N V L X J D E
O A K Z L C E N A L P E I R R
A R U O L F C U K X L K E T E
B P Z V W S E M N R D P H W L
E D A M E A I Y U G A M R K S
R Q R H Y B P M N S Z O U Q T
```

PAGE 81

```
Q F W N A O M U U S P E M B R
D V L H E K B U W W X D H O U
I T D E X P R E S S V T E L G
S O N L F Z U E Q P L C L M I
T C O N N E C T W D X E P A V
D I S T R A T I O N S F E N F
A R E L A X I N G T B R L A L
C I M P E R F E T N G E H G K
T Z U B R E A K O Y Z P H E M
I F X B E Y P D D P G M B L I
O W M A E R B L M Q U I F Y N
N K H P T Z S Z J K G J V H J
S G N I T A T I D E M U A E K
V V T A L E L Z V G U E F J T
O J Q V Q V J K F Z J R F D Q
```

PAGE 82

```
R X P D T S V Q M R G M O N O
T Y E X E R M R T I Q O O Y X
Q G R T U D A Q N A T Z L D C
J T R K E N Y K P O L A N D W
V R U N X A Y V E O T M L T Q
Z B C R B L E B R N L B Z Y M
U Y N M K A J I O E Y I D R Y
P N A L O E F N D T B Q N A O
P A K N I S Y D P E R U P A L
U M E U I S S O I M A E I D K
U R N U Q H M N R N Z P N V Y
J E Y Q T A B E P I I L D U D
B G A V G O E S Z Q L E I H R
M Q P O L A N I H C Z W A M W
J F Q H P T N A L O P H J H J
```

PAGE 83

```
T N D C Y X I D I A M O N E S
R N J I O C O V R W H R E G T
W E P P A B L B R I C K S J B
V G D G U M B F S R R G C Y Z
Z K S S D H O L I I U D A P T
Z Y T L T O O N E A D N F Y M
P S R S W O K Y D S I I K L W
G L A S S S N X U Z T R A U Q
Z M U P E U X E Z W O O D N X
K O Q C M Q L M U S T D N N B
T T M W E S R E M I D M R E K
X Z S P R N T R Q A R T Z R F
T H G A O A U A I R O N W X H
W H R V L I G L O W S T O N E
M E B W D G K D I R O C H X I
```

ANSWERS

PAGE 84

```
X J G A P P F Z R P S Y T S R
M S Z T W I S T E R R K J O C
V O S S E H C T Z B E R A R O
S Y N V C D N I W U K P F R I
C C C O V Z O C R I C Y D Y E
R W H X P O I K J M S Y X L N
A P F E F O T E S V H T I O A
B N E R C M A T Z Q C U E P D
B U L J I K R T K Y P H S O S
Y Y K B V S E O R O M N U N C
R E R O C O P R A T I O N O L
Y X I V E L O I S K S I R M U
U W W T C H U D E S G I N W T
P F Q P O Y A E L B B A R C S
W P Z K U U K S E T U H C A D
```

PAGE 85

```
H G U W C N T H D F E R B R W
F N Y N A X N O I T I C C V O
M I E R L O E N B L F K I H R
O C I W P Q I D U U N G Q M K
B I N I H S R N A C N N T J E
Z T N N H W F E U I K I E G R
E C I N V N G I K F E C S N N
V A W I L F M R X F B I T I H
V R O N P T O F L I R T K Y X
W P T G Z W R E I D I I P R V
H E R L Y R A M D N Q C E T O
S A Y S T R C I F F I A U N Y
R D I H N F Y N C Q R S G K L
A E N C O U R A G E V I S S Z
D I F F I C E A X N N U S E J
```

PAGE 86

```
L E H X F Y V P E M A D A M E
R M A I L M A N A V T P D Y E
J N E B O N J O U R E F E C H
A X A J I G L Q Y T F I T N C
E U D N O F N K P O A A T A C
T A E G C J Z S R J U X I N M
E F G X S V Y W U O X G G T R
A P K Q F C E P C J P T I A H
P R V D H N J T E M P A R T Y
A P D I I D W R I A A J B S K
R W C V N M J L A E S G J U M
T T I O P I T P S T C H O C V
Y D F A U X P A S E V D J X G
Q A L T W D C I V Y L L E M B
Y T W A P H L X D O X R E S J
```

PAGE 87

```
G N M S V S A E Q L G V O N J
N I F T R O P S A U N R O P R
R C Y G T S G L G N I P M U J
K T C T U B E N O G N L X Q X
B B P F I Y A E Y E N U Q U H
I N C H W O R M P S U N B C B
G T T P O G A C S R R G T Z L
M N V M W Q M U U Q U E C B A
P A I T H B U R P E R B R X N
U W A K C R W A S T U Q U E K
S U I N N K S E S F K F N J I
H W F H I A Q U L W D F C W N
U T U T V A L F J U M P H N G
P L A N K N W P N H C X Q L Q
S Q X C R U N C H E S V H I L
```

ANSWERS

PAGE 88

```
C Y M A A N G E L S Z U Z M Y
B Z U I S U X Y D E C I M L Y
S J L K D E L L A R A P P E J
E X T T C A R T B U S I Q L R
L U I R J H Y N W B T X Z L A
G R P E M D A P B L C A Y A E
N O I T A U Q E U P E M D R P
A G Y G Q Y I M O D A Z I A P
E C R P Z R E D V D L Q V P S
O D O V B T K A F A D O I E O
R K T C I E B S M O L A D X X
G D C H P M Z I K J Y L E X N
G C A D W O C E L B A I R A V
U A F A F E O L E M I C E D R
H P E S D G A E Z C G H V F U
```

PAGE 89

```
S J C U B P V P H O O E Y X A
Y U Z Z G Z M N O R T L O V Y
L N P I O I S L O O N E Y P R
D D R E G D T S G Q H D S N R
A E Q H R Q A E S T P I E X E
F R T X D F C I K A R H N N J
L Y S X U I R H J V E V O W D
A O N L N L E I R V O L T O N
J Z O G D B D Y E S Z F S J A
E E S N E X N D K N G I T E M
D O T Y R E U Q V C D I N T O
W M E S D T H G I M A S I S T
D C J B O N T S E U Q W L O P
P C T V G N T J F U F I F M W
G A O C T H U N D E R C A S S
```

PAGE 90

```
E S W O W S K A E R B P H E G
N I J E E N O A L U M R O F A
G P A I N T J S E V E Z A N S
I K O R J G Q I V L D O P K O
Q H E A D L I G H T E X M R L
F E Z J X Y K N F G U K Z E I
S T H G I L D A E H Q K A A N
B I J C Q Z R L U A X J N R E
O L A N E P A I N T J O B Y B
G O R A C E T R A C K H W I Z
T S Q D E U N A D H S D U E G
N A Q E S E K A R B I S O W O
I G H S A F S S L A N G I S O
A L I F C A N A S C A R U X M
P L L H F K W L D K A S C A R
```

PAGE 91

```
H N O T K N A L P R S G W Z Z
K M E R M A D E M A N Y C V Y
M R O O G M H K M E D C V I D
T E U A B T O Z L N K C V T V
X U R S E B D R A W D I U Q S
M Y Z M T M M S Y I L G L I B
R X D P A Y D U T C H M A N A
A C N X T I K C U B M U H C R
W L A R R Y D P V L Z Z N A K
D G S C C H U M B U C K E T R
I C A R E N C G A H V O R U M
U R I P P E D P A N T S A J S
Q X B I O D P A T R I C K N C
S K R U S T T M H W A U I B M
R L P L X J A U X K P D F U H
```

ANSWERS

PAGE 92

```
E P I T O N E G G N T S P F F
U O Z H E J I B E F L H L W A
C O L O N E L B E C O E O O X
I V S B K C R J I H V R W R C
T N U U I E W Q G O C B T C S
C Q O A H N M O Y E H E A E Y
R H V S S X K U S R O T N S F
A R E T K T S T E D I H E T Y
T U I H R H E D J F R C M E T
N L H Z Z R Y R F S J S O R R
A N C W S C N A I M R I N S O
K I S H H T U C V S O M E H F
P C I T S U O C A C K E B I Y
F R M Y R A U R B E F K U R Z
E P I T O M E N A V C B I T E
```

PAGE 93

```
D T S D Y M F A N T A S I A E
P V S S P I D E R V E R O N E
L I K P H P I N O C C H I O S
T T N A I G N O R I R G I H R
A D N O G A R D A W H U S F E
I L I I C N E S R T R L L I V
S W L I G S U R M A C J E R R
L X O E M H H A L I G M O D E
E W O P R R R A U R E O F U D
O K B F J E D M U O E D D W I
F I U C R D D G A N R F O X P
D O K S I M U N F R K J G R S
O Z R N W D X B I I E H S L P
U H M D R A G G O C D C K S C
G P I N O C C I O T V Y J N O
```

PAGE 94

```
J A N E Y R E K O V J T L M V
W I Z A R D O F U T A S I O X
S D M F U H D R T I N S R C S
B E R O T H K U S M E T R D A
Q R C A M O L U I E E R A W Q
C Y U J C I B P D M R E C Q Z
W E F N X U C R E A Y A R D O
N E D R A G T E R C E S M R F
F N B F A U F J S H A U K A O
P A D T E A Y U N I J R G C D
J J S O Y W P D P N U N O U R
T B E U C Z Y I M E T K R L A
Y R Z T E L U C A R D C W A Z
T R E A S U R E U V J W X N I
Y R T S M P R E J U D I N E W
```

PAGE 95

```
A E G G N I S S O L F P E K S
U L W F M H K P C W Y Y V E W
X E Y Z I Y C O O R A N G E I
A C N G W P O H V S N D I P P
Z T G Q P O R D E Y W P W B M
C R K O H H Y B J T O I B N D
A A Q S U E L Y G E O A P I J
R V R D F S L R G E L O N E O
L X N L H E I O L G O W H Y E
T F B R T E M E P X I N T S U
O R A N G R C G L Q L H F K L
N H U S E T A M D Y B N S R A
R G Z M R F C X H X P A V U I
M F V O B P T V N A R M E T A
F A D D K B M R I F V B X C F
```

ANSWERS

PAGE 96

```
F G I Q V X I T U B M I N S M
K I N G R P A R K R O O S T P
S A A O A A O Q E I S M Y A K
I T L I R N Y X I N N K S N I
N B A E R T D U I H V G N T N
C N W K D V S B N P D O J S G
L L I R O N O M A L F N T R X
A E R A C R A R R D O A A K M
I S A H A K K M S A N C L G W
R T R R V S D H Q T P A N K D
F A M A H Q P C O C S B X I M
R L S E L A L N X I E E Y A L
V K T K O R R B G U Y L D D N
J J N A M B U T Z M B Y I W H
Y K Z B C M A S D O S D C O Y
```

PAGE 97

```
C M V F J L I O G C V G Q R O
H E R B I V O S E L I T P E R
K V S Z Z E R O V I N R A C I
S W A E X T I N G T E F S K B
M M Z A G T H T I J O O H B R
D R E E F G H E R B I V O R E
F R G S X Y F A S T E N T N P
D G O T O T A I K R E L D L T
S L V V U Z I R S S S Q R A I
V A H J I S O N M C B W G G E
N V X R V N R I C O Q N A T L
S B D H N N R N C T R S N L S
S L I S S O F A S T E S T P C
L L Q O E D I D C C H Q U Z D
V E U R H A K H L I Z A R D S
```

CPSIA information can be obtained
at www.ICGtesting.com
Printed in the USA
BVHW062126111219
566110BV00004B/7/P